金融统计与分析

中国人民银行调查统计司　编

中国金融出版社

责任编辑：贾　真　肖丽敏
责任校对：张志文
责任印制：程　颖

图书在版编目(CIP) 数据

金融统计与分析(Jinrong Tongji yu Fenxi) （2013.04）/中国人民银行调查统计司编.—北京：中国金融出版社，2013.4

ISBN 978-7-5049-6939-2

Ⅰ. ①金… Ⅱ. ①中… Ⅲ. ①金融统计—统计分析—研究报告—中国—2013 Ⅳ. ①F832.1

中国版本图书馆 CIP 数据核字（2013）第 074065 号

出版
发行　　中国金融出版社

社址　　北京市丰台区益泽路 2 号
市场开发部　　(010) 63266347，63805472，63439533（传真）
网 上 书 店　　http：//www. chinafph. com
　　　　　　　(010) 63286832，63365686（传真）
读者服务部　　(010) 66070833，62568380
邮编　　100071
经销　　新华书店
印刷　　北京市松源印刷有限公司
装订　　平阳装订厂
尺寸　　185 毫米×260 毫米
印张　　8.5
字数　　156 千
版次　　2013 年 4 月第 1 版
印次　　2013 年 4 月第 1 次印刷
定价　　30.00 元
ISBN 978-7-5049-6939-2/F.6499
如出现印装错误本社负责调换　　联系电话 (010) 63263947

目录

FINANCIAL STATISTICS AND ANALYSIS

CONTENTS

当前我国经济增长中面临的需求问题

中国人民银行调查统计司经济分析处

2013 年适宜的经济增长速度在 8.1% 左右。投资仍然是决定经济增长快慢的主要因素，如果投资增速加快，则可能导致总需求增长速度快于总供给增长速度，我国实际经济增长快于潜在产出增长速度，经济需要承受一定的物价压力。如果投资增速减慢，则可能面临总需求不足的问题。

一、我国的总需求结构情况

在短期的经济增长中，我们更多的是关注需求面，也就是我们经常说的消费、投资、净出口。从当前我国的需求结构看，长期以来我国的最终消费占比是高于资本形成占比的，只是两者的差距越来越小。净出口占 GDP 比重升至 2007 年的 8.8% 后，近五年来有所下滑。2011 年，消费占比为 49.1%，资本形成占比为 48.3%，净出口占比为 2.6%。从结构变动特征看，改革开放以来，我国消费增长速度是低于资本形成增长速度的，但这并不能说我国的消费增长速度

低了，我国的实际消费有 8% 以上的增长速度，处于各国前列。只能说我国的投资需求更高，资本形成增速更快而已。从三大需求对 GDP 增长率的贡献看，2011 年开始，消费对 GDP 增长率的贡献（2011 年 55.5%、2012 年 51.8%）均超过了投资（2011 年 48.8%、2012 年 50.4%）。净出口对 GDP 增长率的贡献已经连续两年为负值。我们估算，2012 年我国最终消费实际增长 8.2% 左右，资本形成实际增长 8.1% 左右，净出口实际负增长 7.7% 左右。未来消费贡献大于投资这一趋势将会延续，净出口的贡献率基本可以忽略。

二、2013 年我国最终消费特别是居民消费将经历较快增长

一是居民可支配收入增速较高。表现在：（1）劳动力市场持续改善。2010 年三季度以来，我国劳动力市场求人倍率均大于 1，整体体现为供小于求。我国劳动人口素质不断提高，人均受教育年

限从 1990 年的 5.7 年提高到 2010 年的 9.5 年，新增劳动力平均受教育年限接近 12.4 年。未来我国就业人员工资水平将迎来更快增长。（2）财产收入净额将会较快增长。随着我国利率市场化改革的推进及金融市场的完善，投资收益率将有所上升，财产收入净额将会保持一定的增长速度，不会继续成为拉低居民可支配收入增速的因素。（3）在再分配环节，居民获得的转移支付将增加。按照国家统计局人口抽样统计结果，2011 年，我国 25~59 岁人口占比为 53.3%，处于缴纳社会保险的年龄阶段；60 岁以上人口占比为 13.7%，处于领取社会保险的年龄阶段。五年后，这两项比例分别为 56% 和 18%；10 年后，这一比例是 58% 和 24%。新增领取社会保险的人口远高于新增缴纳社会保险的人口。由于住户部门每年领取的社会保险福利大于缴纳的社会保险，未来转移支付将给住户部门带来更多可支配收入。2012 年城镇居民人均可支配收入实际增长 9.6%，比 2011 年高 1.2 个百分点。二是短期内居民消费倾向提升受到制约，长期看居民的消费倾向将有所提高。表现在：（1）未来的城镇化将更重视质量。2011 年，我国城镇人口已经超过农村人口，农村居民向城镇转移速度将有所放缓。近期的中央经济工作会议将城镇化列为扩大内需的潜力所在，更重要的是突出了要提高城镇化质量，引导城镇化健康发展。统筹推进户籍制度改革，土地和住房制度改革，深化财政金融体制改革，大力发展公共服务和第三产业等都会有效刺激消费需求，提高居民的消费倾向。（2）我国人口结构正在发生重大变化，人口红利趋于减弱，老年人口占比迅速提高的同时社保体系更趋完善，整体的居民消费倾向将有所提高。初步估计，我国年轻劳动力（15~29 岁）数量在 2012 年见顶，劳动年龄人口将在 2015 年见顶。伴随人口红利的减弱，居民之间的收入分配不均现象也将有所缓解。我国参加基本养老保险人数已经从 2000 年的 1.4 亿人增加到 2010 年的 2.6 亿人，另外当前农村医疗保险、养老保险的推进都有利于提高老年人的消费倾向，从而提高了全社会的消费倾向。在可支配收入稳步增长、消费倾向下滑速度趋缓或者微涨的背景下，我们认为 2013 年最终消费实际增速应略高于 2012 年。

三、2013 年我国投资需求企稳回升

短期来看，投资需求企稳。一是周期性力量底部企稳。从企业设备更新周期看，周期性力量已经底部回稳。企业设备更新周期也称为朱格拉周期，周期长度为 5~10 年，领先指标主要为投资收益率。我国上市公司的财务数据显示，沪深 300 指数样本企业的平均投资收益率领先城镇固定资产投资（不含农户）增速 14 个季度。随着投资收益率触底缓慢反弹，2013 年的投资增速将底部企稳。从库存周期看，企业回补库存将相应增加企业投资。二是利率和企业应收账款增速回落，有利于固定资产投资短期企稳。相关分析表明，领先固定资产投资，

且与固定资产投资增速相关性较强的变量分别有质押式回购加权平均利率（领先3个月）、沪深300指数样本企业应收账款同比增速（领先6个月），它们与固定资产投资（不含农户）增速的相关系数分别为-0.63和-0.58。2012年下半年以来，市场利率稳中趋降，应收账款增速有所下行，均有利于2013年投资增速企稳。总体看，2013年固定资产投资将基本稳定。分结构看，房地产开发投资动力较强，制造业投资缓中趋稳，基础设施投资则有所放缓。

四、2013 年经济增长 8.1% 左右

基于我们的判断，我国消费需求将逐步释放，储蓄率提高空间有限。2013年资本形成加快增长更大程度上需要通过挤压净出口实现。我们假定两个情景，一是2013年资本形成实际增长8.4%，则2013年潜在产出增长率在8.1%左右，净出口实际负增长5%左右，供需基本达到平衡。二是2013年资本形成实际增长9%左右，2013年潜在产出增长率在8.2%左右，净出口实际负增长12%左右，供需实现基本平衡。

如果要资本形成更快速度增长，经济就可能需要承受两个结果：一是净出口更快的负增长。二是经济在潜在产出以上运行，承受较大的物价压力。我们判断，2013年我国进出口形势将较2012年略有好转，情景一更符合现实情况。

由此，我们判断2013年适宜的经济增长速度在8.1%左右，其中最终消费实际增长8.3%，资本形成实际增长8.4%，净出口实际负增长5%左右。消费、资本形成、净出口对GDP增长率的拉动值分别为4.1、4.1和-0.1。投资仍然是决定经济增速快慢的主要因素，如果投资增速更快，则我国实际经济增长可能更快，但需要承受一定的物价压力。

2013 年物价上涨 3.5% 的控制目标能够实现

中国人民银行调查统计司经济分析处

温家宝总理在 2013 年 3 月 5 日的政府工作报告中指出，2013 年通货膨胀压力仍然较大，主要是我国土地、劳动力等要素价格，以及农产品和服务类价格都存在上涨压力；主要发达国家实行宽松货币政策并不断加码，输入性通货膨胀压力不容忽视；理顺能源资源价格需要留出一定空间；2012 年价格上涨的翘尾影响约有 1 个百分点。把居民消费价格涨幅控制在 3.5% 左右，这是充分考虑各方面因素后作出的选择。

一、2013 年物价涨幅将高于上年，但快速上涨的可能性不大

2013 年 1 月 CPI 同比涨幅为 2%，比上月低 0.5 个百分点。此次下降主要受到春节因素影响，春节所在的 2 月 CPI 同比涨幅可能会达到 3% 左右，物价下降趋势已经逆转，上行风险隐现，2013 年物价涨幅将高于 2012 年。

但 2013 年物价快速上涨的可能性也不大。一是食品价格可能平稳上涨。粮食价格短期大幅上涨的可能性不大。2012 年我国粮食再次取得丰收，粮食产量比上年增长 3.2%，实现"九连增"，供给相对充足。但劳动力成本快速上涨，化肥、农药、饲料、土地租金等农业生产资料价格也在上涨。预计在供给相对充足、库存稳定、消费相对稳定或略有增长的情况下，2013 年国内粮食价格仍将保持平稳上涨的趋势，猪肉价格快速上涨的可能性也不大。和 2011 年猪肉价格快速上涨时的情况不同，当前能繁母猪存栏量处于高位，预计 2013 年猪肉供给不会非常紧张，因此猪肉价格也将保持小幅震荡上行的态势。

二是非食品价格将随经济复苏回升，但涨幅不会很大。当前流动性环境较宽松，经济在企稳好转，但短期内经济复苏动力不强。从外部需求看，世贸组织预计 2013 年全球贸易额实际增长 5.6%，

比 2012 年高 1.9 个百分点，但仍低于近几年的平均水平。从内需看，当前经济的回升集中在基础设施、房地产及其上游行业，机械设备制造业增加值增长缓慢，小微企业经营困难，经济活力还有待进一步提高。尤其是制造业企业还未走出困境，投资积极性不高。2013 年经济增长逐渐恢复，将推升物价水平，但不会造成明显的通货膨胀压力，非食品价格也将平稳上涨。

二、不能忽视物价上涨的风险

一是劳动力价格上涨的影响。随着供求关系的变化和对劳动者权益保护的落实，劳动力成本不断提高。党的十八大明确提出了 2020 年城乡居民人均收入比 2010 年翻一番的计划，收入分配改革方案已经出台，这表明未来劳动工资将持续提高。

二是要加快转变经济发展方式，以资源环境承载力为基础，促进经济社会与资源环境协调发展。这需要在价格上留出一定空间支持资源价格改革和环保标准的实施。

三是存在输入性通胀压力。当前世界主要中央银行都实行宽松的货币政策，可能推高国际大宗商品价格。但我们也不能高估货币因素的影响，因为更重要的决定因素还是供需等基本面因素。全球经济缓慢回升，需求并不强劲，宽松的流动性对大宗商品价格的影响幅度有限。

四是自然灾害可能影响农产品的供应。联合国粮农组织研究报告指出，今后 20~50 年，农业生产将受到气候变化的严重冲击。2013 年，灾害天气的出现可能影响蔬菜、水果和水产品等农产品的生产供应，造成短期价格波动。

五是国内经济复苏超出预期，需求强劲造成国内价格快速上涨。

考虑经济增速回升等因素的影响，结合历史上通货膨胀周期性趋势推断，2013 年 CPI 同比涨幅将呈现逐步回升的态势。2013 年 CPI 涨幅控制在 3.5% 的目标，既考虑了 2013 年物价总体稳定的现实，又考虑了物价上涨的风险，有利于推进资源价格改革，是一个实事求是、积极稳妥的目标。

在沪金融家预计 2013 年二季度 GDP 增速将达 8%

中国人民银行上海总部统计研究部

2013 年一季度，上海市金融家问卷调查结果显示，宏观经济温和复苏，物价上涨预期强烈；货币政策预期平稳，金融业盈利状况稳中趋升；预计股票市场走势盘整；不同行业金融家在物价预期上涨程度、货币政策感受及行业自身经营状况等方面看法存在差异。从定量调查结果看，在沪金融家预计 2013 年一季度经济增长率和居民消费物价涨幅分别为 7.9% 和 2.5%；预期 2013 年二季度分别升为 8% 和 2.7%。

一、宏观经济温和复苏，物价上涨预期强烈

（一）宏观经济温和复苏

据样本数据估算，金融家预计 2013 年一季度 GDP 同比增长率为 7.9%，与 2012 年四季度 GDP 实际增速持平；国内宏观经济热度指数为 42.8%，比上季度大幅回升 18.5 个百分点；同时，认为本季度国内经济形势偏冷的金融家占比较上季度大幅下降 35.2 个百分点。从预期看，金融家预计 2013 年二季度 GDP 增长率为 8%，高于对本季度的预测；宏观经济热度预期指数为 51.9%，较上季度提升 19 个百分点，处于宏观经济景气区间。此外，非银行业金融家普遍认为国际经济形势将有所好转，2013 年一季度国际经济热度指数为 73.8%，下季度预期指数为 69.4%，分别较上季度增加 23.8 个和 15.1 个百分点。

（二）物价上涨预期强烈

金融家预计 2013 年一季度居民消费价格涨幅为 2.5%，2013 年一季度将上涨至 2.7%，CPI 或将步入新一轮上涨周期。本季度居民消费价格预期指数为 86.6%，工业品价格预期指数为 75.2%，房地产价格预期指数为 80.9%，比上季度分别上升 15.6 个、10.9 个和 28.6 个百分点，物价上涨预期强烈。认为下季度市场物价呈下降走势的金融家占比极低，仅有 7.6%

表 1　在沪金融家对经济增长和物价涨幅的预测　　　　　　　（单位：%）

指标	时间	平均值	中值	最高值	最低值
GDP	2013 年一季度	7.9	8.0	8.5	7.0
	2013 年二季度	8.0	8.0	8.7	7.0
CPI	2013 年一季度	2.5	2.5	3.5	1.7
	2013 年二季度	2.7	2.8	4.0	1.6

的金融家认为下季度工业品价格将走低，而预期房价与 CPI 走势下降的金融家占比则分别为 1.9% 与 0。

二、货币政策预期平稳，金融业盈利状况稳中趋升

（一）金融家对货币政策预期平稳

2013 年一季度货币政策指数为 64.7%，较上季度增加 15.2 个百分点；认为本季度货币政策"适度"的金融家占比为 64.9%。从预期看，货币政策预期指数为 55.3%，认为下季度货币政策"适度"的金融家占比为 72.4%。自 2012 年下半年以来，中央银行将逆回购作为调节市场流动性的主要手段，较之动用存款准备金率和利率工具具有更为精准灵活的特点，货币政策表现"平稳"、"中性"是金融家对下季度政策走向的总体判断。

（二）降息预期有所弱化

2013 年一季度，认为本季度存款利率水平"偏高"的金融家占比为 8.6%，认为本季贷款利率水平"偏高"的金融家占比为 15.2%，分别比上季度回落 3.8 个和 6.7 个百分点。从金融家对下季度利率水平的预测情况看，降息预期明显减弱，预计下季度利率将下降的金融家占比仅为 7.6%，较上季度继续回落 9.5 个百分点。

（三）金融业盈利状况稳中趋升

2013 年一季度，金融业盈利景气指数为 65.7%。较上季度提升 8.6 个百分点，金融家对于自身盈利状况判断偏乐观，认为本季度盈利变化比上季度增盈的金融家占比为 45.6%；认为本季度盈利变化与上季度持平的金融家占比为 40.1%。从预期来看，金融家预计下季度盈利变化将稳中趋升，盈利预期景气指数将上升至 67.2%。

三、银行家与非银行业金融家预期在多方面存在差异

（一）非银行业金融家对物价上涨程度预期普遍高于银行家

问卷显示，与银行家相比，非银行业金融家更看涨下季度物价走势，非银行业金融家预期下季度 CPI 与 PPI 走势上涨的占比分别为 72.2% 和 86.1%，而银行家对于 CPI 与 PPI 的上涨预期占比分别为 50.7% 和 66.7%。对房地产价格预测方面，非银行业金融家预计下季度房地

产价格上涨与持平的占比分别为 80.6% 和 19.4%，银行家相应预期则分别为 55.7% 和 42%。

（二）非银行业金融家对当期货币政策感受较银行家更趋于宽松

问卷显示，尽管全体金融家认可本季度市场资金的充裕度，银行的资金头寸状况与资金来源指数较上季度均有所提升，但是非银行业金融家对货币政策的宽松感受更为强烈，可能与岁末年初股市行情转暖、市场交投活跃有关。2013 年一季度，认为本季度货币政策偏松与适度的非银行业金融家占比为 58.3% 和 38.9%；而认为本季度货币政策偏松与适度的银行家占比分别为 18.8% 和 78.3%。从市场表现看，认为上海银行间同业拆借市场利率走势上升的非银行业金融家占比较上季度进一步回落 6 个百分点，仅为 11.1%。

（三）非银行业金融家与银行家对本季度贷款利率水平判断略有分歧

问卷显示，非银行业金融家认为本季度贷款利率偏高与适度的占比分别为 30.6% 和 66.7%，而银行家认为本季度贷款利率偏高与适度的占比则分别为 7.3% 和 84.1%。随着券商创新业务的开展，融资需求增强，以贷款利率作为非银行金融机构创新产品定价参考的作用凸显，因此不同行业金融家对于贷款利率水平的判断显示出市场资金供给双方对于资金价格的分歧。

（四）银行家对本行业经营状况的判断不如非银行业金融家乐观

问卷显示，2013 年一季度，受股票市场走势良好影响，非银行业金融家对所处行业经营状况表示乐观。从占比数据看，非银行业金融家认为行业经营状况“较好”与“一般”的占比分别为 58.3% 和 33.3%，而银行家相应的数据分别为 30.4% 和 68.1%，与上季度表现基本持平。非银行业金融家对下季度行业经营状况预期向好，预期行业经营景气指数为 73.6%；银行家下季度经营状况景气指数为 68.1%，各项数据占比相较本季度变化不大。

（五）非银行业金融家与银行家对主要行业景气度看法不一

2013 年一季度，按主要行业景气度指数排序，非银行业金融家看好的前三个行业分别为房地产业、金融业与水利环境公共设施业；其他行业如交通运输仓储业、建筑业及农业等行业景气度差距不大；最不看好的行业为制造业。

2013 年一季度，制造业、建筑业和房地产业的贷款审批条件景气指数均好于上季度，农业、电气水供应业和水利环境公共服务业贷款审批条件略有收紧。

（六）股票市场走势预期盘整

2013 年一季度，非银行业金融家认为股票市场走势良好，股票市场景气度指数为 86.1%；预计下季度股票市场弱于本季度，认为市场呈上扬走势的非银行业金融家占比较上季度大幅下降 27.8 个百分点；股票市场景气度预期指数为 66.7%，较本季度回落 19.4 个百分点。

主要经济体非常规货币政策工具及实践

中国人民银行长沙中心支行调查统计处

中国人民银行南昌中心支行调查统计处

中国人民银行合肥中心支行调查统计处

非常规货币政策通常是在零利率下限时，通过非常规流动性注入工具来引导实际利率下降，包括影响利率预期、货币供给和资产价格及外汇市场等操作方式。值得借鉴的是中央银行资产负债表规模和结构的改变是货币政策创新的源泉。

一、非常规货币政策的含义

非常规货币政策是在常规货币政策失效的前提下，当财政政策达不到调控效果时，货币当局通过调整其资产负债表规模和结构进而调整市场流动性或金融结构的调控政策。

从各国实践来看，具有以下一种或多种特征的货币政策措施均可视为非常规货币政策措施：一是货币政策措施的基本特征（主要是操作的期限、规模、频率和方式）有别于中央银行通常使用的常规货币政策措施；二是中央银行公开市场操作的对手或市场参与者不仅限于传统意义上的金融机构而是扩大至非金融性公司、个人及政府机构；三是中央银行购买的证券不仅限于国库券，而是扩展至具有一定风险的证券；四是中央银行以买断方式购入各种证券，在一定时段内不进行常规的对冲操作；五是含有中央银行常规沟通政策不包含的非常规表述或措辞。

二、非常规货币政策效应

在利率传导机制失效的情况下，非常规货币政策的实施就是通过调整政策工具修复常规货币政策传导机制，达到稳定物价、修复信贷市场、稳定金融体系等目的，最终促进经济增长的过程。具体可以分为承诺效应、资产负债表规模扩张效应和资产组合效应。

承诺效应是通过改变市场对短期利率走势的预期来影响长期利率走势，借用未来宽松货币政策的效果来提升通胀预期，从而刺激投资与消费。

资产组合效应是指中央银行通过大量购买长期债券、机构债券和抵押贷款债券等风险资产降低其原有的流动性风险，实现降低长期资产收益率的效果，从而刺激投资者选择收益率更高的公司债券和股权等资产，提升这部分资产价格，达到促进实体经济增长的目的。

资产负债表扩张效应主要是中央银行通过购买各种资产扩张其资产负债表规模，同时增加基础货币供给，通过资产再平衡机制、财政渠道机制和信号机制传导至金融市场和实体经济，其预期效应最显著。

三、非常规货币政策工具类型及实践

从影响宏观经济的目标变量来区分，美国、日本、欧盟等主要经济体实施的非常规货币政策可以归为三类：一是影响利率预期，二是影响货币供给量和资产价格，三是影响外汇流动性。

（一）影响利率预期的非常规措施

这一类措施有两种方式：一是中央银行下调短期利率接近于零，并长时期

表1 不同目标的非常规货币政策类型

类型	操作方式	具体措施
影响利率预期	流动性宽松、承诺效应	零利率政策及高频、大幅调整基准利率、货币政策承诺
影响货币供给量和资产价格	量化宽松、信贷宽松及流动性宽松	创新型货币政策和资产购买计划
影响外汇市场	外汇宽松	临时性货币互换安排

表2 四大经济体影响利率的非常规货币政策工具

区域	政策工具	实施时间	政策工具操作
美联储（Fed）	下调联邦基金利率	2009-12	宣布实施零利率政策，联邦基金利率长期保持在0~0.25%的区间内
美联储（Fed）	扭转操作（OT）	2011-09	购入剩余期限为6~30年的国债，并出售等值的3年或更短期限的国债来筹措资金，以期压低长期利率
英国中央银行（BoE）	降低并维持历史最低利率	2009-03	将主导利率下调至英国315年历史上最低利率水平（0.5%），并维持长期不变
日本银行（BoJ）	实施零利率政策	2008-10	下调基本贷款利率至0.3%，并长期维持不变；同时宣布将贷款利率维持在0~0.1%的范围内
欧洲中央银行（ECB）	下调主导利率	2011-12	下调主导利率至1.25%，后又降至0.75%并维持至今

表3 四大经济体流动性宽松货币政策工具

区域	政策工具	参与机构	政策工具的操作	措施
美联储 (Fed)	短期招标工具 (TAF)	达到贴现窗口基本信贷要求的机构	中央银行事先公布拍卖的总金额，最低报价利率为1个月的隔夜指数掉期 (OIS)，存款机构通过拍卖的机制获得资金，确定利率，TAF期限为28天和84天两类，抵押品范围和贴现窗口要求相同	系统性国内流动性安排
	一级交易商信贷工具 (PDCF)	一级交易商	一级交易商通过清算银行向中央银行提出申请，清算银行根据其抵押品计算所能获得信贷额，从而获得中央银行资金，抵押品为可用于公开市场操作回购协议债券、有市场价格的投资级公司债、市政债、抵押贷款支持债券 (MBS)、资产支持债券 (ABS)	
	定期证券借贷工具 (TSLF)	一级交易商	中央银行事先公布拍卖国债的平价，一级交易商以其债券作为抵押通过拍卖的方式融得国债，可作为抵押品的债券种类与PDCF相同，期限为28天	
英国中央银行 (BoE)	流动性计划 (SLS)	银行和建房互助协会	允许银行和建房互助协会用流动性较差的MBS和其他债券交换国库券，计划3年有效	证券流动性条款
欧洲中央银行 (ECB)	长期再融资计划 (LTRO)	成员国中央银行	期限从惯例的3个月延长到6个月，再逐步延长至3年，实施规模最高达到5300亿欧元	系统性国内流动性安排
	扩大抵押品范围	金融机构	扩大公开市场操作对象，减轻金融机构的资产负债表压力	
日本银行 (BoJ)	扩大抵押品范围	国内金融机构	把抵押品扩大到金融债券、对公共部门的贷款、美国等国发行的债券	系统性国内流动性安排
	提高存款准备金目标设定值	商业银行	提高商业银行在日本银行的存款准备金的目标设定值	直接货币市场操作

保持低位。这属于常规货币政策的非常规操作。二是中央银行通过承诺或政策沟通，使公众延长对短期利率维持在低水平的预期，从而对长期利率造成下行压力。

(二) 影响货币供给量和资产价格的非常规措施

这一类措施是最主要的非常规货币政策操作，通过流动性宽松措施、信贷宽松措施及量化宽松措施来改变中央银行资产负债表的规模和结构，实现货币供给的增加和资产价格的变化。

1. 流动性宽松措施指中央银行不仅在货币市场，还在金融市场等更加广泛的范畴内执行最后贷款人的职能。中央银行作为储备货币的垄断供应者来控制国内流动性状况，主要目的是为了稳定市场和畅通货币政策传导渠道。流动性宽松措施包括系统性国内流动性安排——放松抵押要求，拉长中央银行提

表4 四大经济体信贷宽松货币政策工具

区域	政策工具	实施时间	参与机构	政策工具的操作
美联储 (Fed)	资产支持商业票据货币市场共同基金流动性工具（AMLF）	2008-09	存款类金融机构和银行控股公司	存款类金融机构和银行控股公司从中央银行融资，用于向货币市场共同基金购买资产支持商业票据，所购票据作为融资的抵押品
	商业票据融资工具（CPFF）	2008-10	票据发行人	中央银行设立特殊目的机构（SPV），通过一级交易商购买票据发行者发行的无担保或者资产支持商业票据
	货币市场投资者融资工具（MMIFF）	2008-11	货币市场投资者	由私人部门成立5个SPV，向合格货币市场投资者购买存单、商业票据等资产，SPV的资金来源可通过中央银行的MMIFF机制融资
英国中央银行 (BoE)	资产购买便利（APF）	2008-04	私人部门	直接购买评级在BBB级或以上的公司债券；直接购买评级在a-3级以上的商业票据
欧洲中央银行 (ECB)	购买有资产担保债券	2009-07	欧元区银行	购买对象限于欧元区银行发行的资产担保债券，且该债券至少获得一家主要信用评级机构的aa评级
日本银行 (BoJ)	资产购买计划（APP）	2009-03	企业	直接购买评级在A级或以上的，到期期限为1年的公司债券；直接购买评级在a-1级，到期时间为3个月的商业票据或资产支持商业票据
	跨过商业银行向私人机构借款（便利公司融资）		公司或私人机构	允许公司以资产支持商业票据（ABCP）和商业票据（CP）以及公司债券抵押向中央银行借款；允许私人机构以公司债券抵押向中央银行借款。

供流动性工具的期限；证券流动性条款——中央银行用具有流动性的政府债券换取商业银行不具流动性的私人部门债券；直接货币市场操作——中央银行采取直接措施，比如改变法定储备和流动性框架参数。此类措施只改变中央银行资产负债表结构，不改变规模。

2.信贷宽松措施是中央银行通过购买商业票据、公司债券和资产抵押债券以解决市场流动性短缺问题，是针对金融市场的货币政策。该类措施在扩大中央银行资产负债表规模的同时，也改变其结构，更主要的是中央银行将更多地持有流动性差、更具有风险的资产。

3.量化宽松措施是中央银行通过增加货币账户存款余额，扩张中央银行的资产负债表规模，使其超过维持零利率所需水平，促使资产价格上扬和产出的

表5　四大经济体量化宽松货币政策工具

区域	政策工具	实施时间	参与机构	政策工具的操作
美联储 (Fed)	中长期证券购买计划	2008–11	房利美、房地美和联邦房贷银行	美联储购买房利美、房地美和联邦房贷银行的债券及其抵押贷款支持债券（MBS）
	购买长期国债	2009–03	承销银行	美联储通知主承销银行从其他投资者手中购买长期国债，然后美联储再从这些银行购买长期国债
英国中央银行 (BoE)	购买英国政府债券	2009–03	二级市场交易商	购买二级市场的英国政府债券，主要是金边债券
欧洲中央银行 (ECB)	证券市场项目（SMP）	2010–05	二级市场交易商	可以在二级市场购买政府债券
	无限冲销购买计划（OMT）	2012–09	国债市场	欧洲中央银行可以决定开始、持续或者停止购买欧元国债，对购入债券没有数量限制，但会将购入债券全部冲销掉
日本银行 (BoJ)	资产购买计划及扩大购买计划	2009–03	金融市场	大量购入日本政府债券，并连续九次宣布扩大购买规模

增长。主要手段是向商业银行购买长期政府债券。该类措施的突出特征是中央银行资产负债表的大幅扩张。

（三）影响外汇市场

中央银行制定外汇流动性政策是出于稳定本国金融市场需要，前提是货币当局拥有充足的外汇储备。第一类是中央银行通过购买外汇资产向市场注入流动性，以降低本币价值，促进本国商品出口；第二类是货币互换安排，以缓解国际储备货币较少国家在国际贸易方面的困境。

总体来看，四大经济体的非常规货币政策实施伴随着五个主要特征：一是利率被迫降至零水平，二是经济出现停滞或衰退，三是基础货币供给大量增加，四是中央银行资产负债表规模扩张，五是大量购买非常规性资产。四大经济体各自的政策操作没有遵循固定不变的模式，其精髓在于通过"变通"和"创新"来"纠正"受金融危机影响而变异的经济金融运行模式，使非常规政策措施在常规货币政策传导机制失效的情况下能继续为经济和金融体系提供必要的流动性支持。

执笔：史小强　袁晋华　彭育贤
　　　彭振江　瞿凌云　张炎涛

日元贬值对吉林省经济影响的调查

中国人民银行长春中心支行调查统计处

2013 年 1 月 22 日，日本中央银行宣布维持 0~0.1%的基准利率不变，并宣布采取无限量购债计划，同时将通胀目标上调至 2%，未来日元贬值空间犹存。自 2011 年 10 月以来，人民币对日元累计升值超过 13%。为了解日元贬值对吉林省经济的影响，长春中心支行调查了吉林省内部分对日贸易企业。

一、日元贬值对贸易整体影响不大

（一）对日出口占比有限，无碍贸易发展整体态势

2012 年，吉林省对日出口总额、进口总额占全省比重分别为 12.3%和 11.2%，对日贸易规模的短期波动不会影响吉林省外贸发展整体格局。2013 年 1 月，面临 2011 年以来的单月日元最大幅度贬值，吉林省对日出口仍然实现了 16.5%的同比增长，而全省同期对外出口贸易增速为-8.3%。

（二）对日进口表现与日元汇率变动并不显著相关

从理论上讲，日元贬值降低了企业自日采购成本，并享受汇兑收益，从而有利于进口规模的扩大。但从实际情况来看，吉林省对日进口自 2012 年 12 月以来出现了明显下滑，下降幅度达到 23.7%，且 2013 年 1 月延续了这一颓势。这主要受始于 2012 年 9 月"钓鱼岛事件"的影响，国内反日情绪抬升，许多企业表示相应减少或暂缓了对日进口。

（三）以美元为主的收汇币种结构，减轻了日元贬值影响

2012 年全省以美元计价的收汇金额占全部收汇总额比重为 57%，高于日元收汇比重 15.9 个百分点；同期以美元计价的收汇笔数占比为 26%，低于日元收汇笔数的比重 47.6 个百分点。通常来说，规模较大的出口企业具有较强的议价能力和结算币种选择权，因而日元贬值对其影响不大，而中小企业多被动选择日元结算，因此受到的冲击较大，而这一结构特征在出口贸易整体发展态势上体

现得并不明显。

（四）日元贬值存在滞后效应，潜在影响值得关注

由于企业签订订单到生产、出口，再到结汇，往往需要几个月的时间，面临日元快速贬值，企业生产和销售调整存在一定滞后性，这使得日元贬值的短期效应并不明显。未来一段时间，日元贬值所带来货物减价、汇兑损失、出口抑制等综合效应将逐步显现。

二、部分出口企业面临一定压力

（一）打乱生产计划，压低产出能力

在受访的42家外向型企业中，有4家表示日元贬值使企业原生产计划受到严重冲击，企业出口订单有所减少，企业无法满负荷运转导致产能一定程度下降，直接摊薄了全年利润。调查显示，某对日农产品加工企业产能同比下降50%，出口订单同比下降20%，全年利润缩减15%。

（二）面临汇兑损失，削减企业效益

日元大幅贬值导致企业汇兑损失急剧放大。2013年1月，日元对人民币同比贬值幅度高达14.5%，这对于在国内采购原材料、以日元结算出口产品的企业来说，汇兑风险加大。某农产品加工企业反映，其月均对日出口额约为1800万日元，单月汇兑损失约为25万元人民币，另有一农副产品出口企业短期汇兑损失达304余万元。调查显示，汇兑损失超过10万元的企业占受访企业的11.9%。

（三）加剧出口竞争，丧失价格优势

某电子设备制造和某汽车生产企业表示，日元贬值使资金成本、原材料采购成本有所降低，但日元贬值使日本出口商品价格更有竞争优势，对吉林省与日本存在竞争性的行业产生不利影响。调查显示，在42家受访企业中，3户认为其产品国际竞争力因日元贬值而受到冲击。

课题组组长：高　歌
课题组成员：张建平
执　　笔：冯雪丹　赵新欣

从日照典型案例看近期日元持续贬值对涉日企业的影响

中国人民银行济南分行调查统计处

自 2012 年 9 月以来，日元兑美元、兑人民币的汇率大幅贬值约 17%，是自 1985 年以来在相似时间最差的表现。日本是日照市重要的水产品国际市场，经调查，结果显示，日元贬值短期内对涉日企业影响显现，但对日照整体涉外经济影响有限。

一、主要原因

新上台的日本首相安倍晋三内阁推行"安倍经济学"激进的财政扩张、货币放松、结构性改革以及国家主义等一系列政策，旨在结束通缩、重振日本经济，短期内刺激总需求，同时通过宽松的货币政策压低汇率。现任日本中央银行行长白川方明决定于 2013 年 3 月 19 日与两位副行长同时离职，市场普遍预期新行长上任后会推行更加宽松的货币政策。

二、对日出口增长带来一定压力

结合近期政治经济因素分析，近期日元持续贬值对辖区企业涉日出口形成一定压力。2012 年 9 月以来，日照市对日出口收汇折合 1.89 亿美元，较上年同期增长 6.8%，远低于同期辖区出口收汇总额近 40%的增幅，仅占同期全辖出口收汇总额的 4.3%。

（一）存在企业通过小幅提价减少汇率损失情形

由于近期日元持续贬值，对日出口收汇企业汇兑损失增加，存在企业协商长期合作客户通过小幅提高产品出口报价，减少汇兑损失情况。如据日照美加水产食品有限公司反映，经与其日方固定大客户协商，2012 年 11 月以来出口产品报价同比提高 5%，报价提高后出口量基本保持不变。

(二) 企业积极采取人民币结算等汇率避险措施

如美加科苑食品公司为应对日元汇率风险，合同签订时积极协商采取人民币结算，以规避日元贬值损失。2012年下半年以来将对日本出口额的30%通过跨境人民币结算，避免了因日元大幅贬值带来的部分汇率损失。

(三) 总体分析影响出口有限可控

据分析测算，人民币对日元升值20%，大致对应人民币实际有效汇率上升1.5%左右，可能造成国内出口下降约2.5个百分点。在中日双边贸易上，由于对日出口的重要性过去十年大幅下降，中日间存在大量加工贸易，以及日本内需有望同步扩张，减弱了日元贬值对中国出口的负面影响。预测2013年对日本实际出口，总量上可能出现小幅回落1%~4%。

三、进口日本原材料价格相对下降，节约企业进口成本

辖区涉日进口企业多以日元结算，日元大幅贬值降低了企业进口成本，据对辖区进口企业调查，日荣水产、美加水产食品等公司进口以进料、来料加工贸易方式为主，日元贬值相应节约了部分进口成本，且水产品、食品加工进口需求多为刚性需求，上述企业反映2013年从日本的进料加工、来料加工等贸易方式进口总额仍将保持10%左右的增幅。

四、企业无意新借日元外债，到期展期和偿还意向增加

日元大幅贬值以来，辖区日资企业无意新借日元外债，原外债展期或拟到期偿还。据对日鲁荣信食品公司回访，近期其放弃利用"投注差"剩余额度继续借用日元外债意图，部分外债拟到期继续办理展期，部分按期偿还。

五、影响跨境资本流动，流入总量不会大幅增加

日本极度货币宽松政策会通过资金跨国流动影响我国。但是日本的货币宽松力度与影响小于美国，原因一方面日元量化宽松包含大量的短期债券购买，对全社会的流动性增加帮助有限，另一方面是世界上许多国家的汇率与美元挂钩，因此美国释放流动性往往造成世界其他国家被迫同时释放流动性来平稳汇率，而日元在这点上与美元的地位相去甚远。

日资短期内难以大幅流入国内。日本对华直接投资仅占中国FDI的7%左右。直接投资追求的主要是增长差，如果日本货币宽松缩小中日增长差，那将不利于日资流入中国。就间接投资而言，日本货币宽松可能促使日元套利活跃一些，刺激日资流入其他国家，但总量不会很大。我国的资本账户尚未开放，影响更小。

2013年江苏省投资走势及资金需求状况展望

中国人民银行南京分行调查统计处

据调查分析，2013年江苏省固定资产投资增速将比2012年小幅回升，其中，基础设施投资增速大幅反弹，房地产投资增速有所加快，工业投资增速稳中略升。受投资增速回升驱动，2013年投资对外部资金的需求会明显高于2012年，贷款作为最主要的融资来源将稳步增长，债券、委托贷款和信托等融资需求则会明显增加。

一、2013年投资走势展望

2013年以来，江苏省投资增速有所放缓。1~2月，全省固定资产投资（不含农户）累计同比增长20.1%，比2012年同期和全年增速分别下降2.6个和0.4个百分点。近期投资增速的回落主要是受工业投资趋缓拖累。统计显示，1~2月全省工业投资累计同比增长17.2%，增速分别比2012年同期和全年下降3.2个和3.9个百分点。与此同时，基础设施[1]投资和房地产投资则有所反弹，对投资增速形成一定的支撑。1~2月，全省基础设施投资累计同比增长39%，分别比2012年同期和全年大幅提高36.8个和18.5个百分点；房地产投资累计同比增长13.4%，虽比2012年同期增速低11.3个百分点，但仍比2012年全年增速上升1.9个百分点。

展望2013年，我们预计，随着城镇化和地方政府换届对基础设施投资推动效应的逐步显现，加之前期房地产市场回暖对房地产开发投资的滞后拉动，以及内外需温和复苏对工业投资的支撑，2013年全省固定资产投资预计仍将稳中有升。预测显示[2]，江苏省固定资产投资全年累计同比增长约21.5%，比2012年增速提高1个百分点。

---

[1] 包括电力燃气及水的生产和供应业、水利环境和公共设施管理业、交通运输仓储和邮政业3个行业的投资。

[2] 文中主要指标预测通过时间趋势法、ARIMA、ARDL、VAR、状态空间模型等多种方法预测值等权重加权平均得到，并综合考虑了各市2013年重点建设项目计划投资的调查结果。

表 1　江苏省投资预测结果　　　　　　　　　　　　　　　　　（单位：%）

	2010 年	2011 年	2012 年	2013 年预测
固定资产投资增速	22.1	21.5	20.5	21.5
工业投资增速	22.5	20.4	20.4	21.0
基础设施投资增速	10.0	5.5	20.5	30.9
房地产投资增速	28.9	29.2	11.5	16.1

图 1　江苏省固定资产投资走势

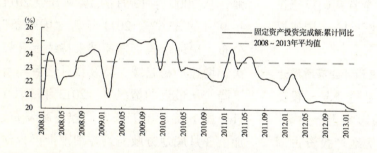

（一）基础设施投资增速预计将大幅反弹

基础设施投资对投资总体增速的影响较大。2007~2012 年，江苏省基础设施投资占固定资产投资总额的平均比重为 15.3%，2009 年国际金融危机期间占比更是一度升至 18.8%。根据以往经验，基础设施投资主要受两方面因素影响：

一是逆周期调控的要求。政府主导的基础设施投资会根据房地产开发投资和工业投资等市场化投资的走势进行逆向调控，以确保投资总体增速的相对平稳。如 2009 年房地产投资和工业投资增长相对低迷，分别只有 1% 和 21.4%，分别低于 2000~2007 年平均增速 22.2 个和 5.4 个百分点。为弥补市场化投资增速的

明显下滑，当年江苏基础设施投资增速高达 43.2%，高出 2005~2007 年平均增速 40 个百分点。2012 年以来的情况与此类似。2012 年江苏房地产开发投资同比增速为 11.5%，远低于 2000~2011 年 26.1% 的平均增速；工业投资同比增长 20.4%，也明显低于 2000~2011 年 24.1% 的平均增速。与此同时，政府基础设施投资则快速回升，同比增速从 2011 年的 5.5% 上升到 2012 年的 20.5%。我们预计，2013 年工业投资受难以大幅提振的制约，其增速将难以恢复到历史平均水平，从而促使政府加大基础设施投资力度，以维持总投资增速的相对平稳。

二是地方政府换届效应的推动。统计数据显示，中共十五大（1997 年）、十六大（2002 年）、十七大（2007 年）召开后 2~3 年的时间里，江苏基础设施投资增速都出现了大幅提升。可以预见，受中共十八大以及地方政府换届的政治周期的推动，2013 年各级政府主导的基

础设施投资增速会明显加快。

此外，2012 年中共十八大和中央经济工作会议提出的新型城镇化战略预计也将对基础设施投资形成较强的推动。人民银行南京分行调查统计处 2013 年 3 月中旬对全省 13 个市重点建设项目的统计显示，2013 年各市重点项目中基础设施投资年内计划投资增速达 30.1%，比 2012 年全省基础设施投资增速快 9.6 个百分点。结合全省调查情况①和模型预测②结果，我们预计，2013 年全省基础设施投资增速将达到 30.9%，比 2012 年增速提高 10.4 个百分点。

（二）房地产投资增速预计会有所提升

房地产投资由于产业链条长，投资规模大，对投资走势的影响十分显著。2007~2012 年，江苏省房地产投资占固定资产投资总额的平均比重为 23.9%，2007 年最高占比曾达 28%。总体来看，房地产投资走势受以下两方面因素的影响：

一是商品房销售情况。一般而言，商品房热销会激励房地产开发企业多买土地并加快投资。从最近的情况来看，2012 年 3 月以来江苏房地产市场持续回暖，全省商品房销售面积累计同比增速由 2012 年 3 月的 –29.4% 持续上行至 2013 年 2 月的 61.4%，创下近 36 个月以来的最高增速，并带动商品房新开工面积累计同比增速由 2012 年 4 月的 –24.64% 逐步升至 2013 年 2 月的 26.9%，是 2012 年以来商品房新开工面积累计同比增速首次由负转正。根据以往经验，商品房新开工面积累计同比增速领先房地产投

资累计同比增速 3~6 个月，这将在很大程度上推动 2013 年房地产投资增速的回升。

二是房地产调控政策的变化。2008 年 5 月，国务院多部委先后针对房地产的严厉调控政策出台以后，江苏房地产投资累计同比增速从 2008 年 6 月的 36.1% 持续下跌到 2009 年 7 月的 3.9%。2009 年，为应对国际金融危机，房地产调控政策放宽，房地产投资开始触底反弹，从 2009 年 12 月的 1% 飙升至 2011 年 9 月的 33.6%。2011 年新"国八条"公布，房地产投资增速结束持续上升势头，增速平稳趋缓，持续数月之后开始下降。从最近的情况看，2013 年 3 月 1 日，国务院"国五条"调控新政发布，加上 3 月底地方政府调控细则推出，预计将对市场预期产生一定的冲击。因此，未来一段时间房地产投资增速能否继续回升，受调控政策变化的影响较大。

基于上述情况，当前推动和抑制房地产投资的因素并存，但我们预计未来房地产投资仍将有所回升。人民银行南京分行调查统计处 2013 年 3 月中旬对全省 13 个市 56 家大中型房地产开发企业的典型调查也显示，56 家房地产开发企业中有 48 家开发企业 2013 年有项目投资计划，2013 年计划投资额比 2012 年

---

① 本文对全省 13 市发展改革委备案的所有重点建设项目计划投资情况进行了汇总分析，并从中抽取了 130 个样本重点建设项目进行问卷调查，以了解重点建设项目的资金来源状况，其中，苏南、苏中、苏北各市抽取重点建设项目样本数分别为 12 个、10 个和 8 个。

② 文中的预测主要是通过时间趋势法、ARIMA、ARDL、VAR、状态空间模型等多种方法预测值等权重加权平均得到。

实际完成投资额增长 16.7%，比 2012 年全省房地产实际开发投资增速高 5.2 个百分点。结合典型调查和模型预测结果，我们预计，2013 年全省房地产投资增速将升至 16.1%，比 2012 年增速提高 4.6 个百分点。

（三）工业投资增速预计将稳中略升

工业投资走势对投资总体增速具有决定性的影响，2007~2012 年，江苏工业投资占投资总额的平均比重为 48.7%，2011 年最高时曾超过全部投资的一半，达 52.4%。

理论上，工业投资走势主要受市场产品需求以及由此决定的库存水平的影响。一般而言，产品需求旺盛会促进企业库存下降，进一步刺激企业扩大投资以增加产能。2012 年下半年以来，随着内外需的缓慢复苏，全省工业企业产成品库存增速明显回落，同比增速由 2011 年 10 月的 26.1% 波动下行至 2012 年 12 月的 3.5%[①]，增速跌至 35 个月以来的最低点，表明当前工业企业库存去化接近尾声。随着市场需求的企稳回升，未来一段时间企业将适度扩大生产回补库存，加之企业通过技术改造提升产品品质和调整产品结构的需求，预计会对工业投资形成一定的推动。

但也应当看到，当前工业企业的投资意愿依然不振。人民银行南京分行调查统计处 2013 年 3 月下旬对江苏省内六市[②]工业企业的调研显示，目前产能过剩仍较为普遍，企业大都没有扩张产能的计划，现有投资项目集中在提高生产效率、减少劳动用工和改善工作环境等方面。人民银行南京分行对全省 594 户工业景气监测企业的调查也显示，2013 年一季度，企业当季固定资产投资景气指数、设备投资景气指数[③]均为 44.45%，较上季度分别下降了 3.2 个和 2.02 个百分点，比 2012 年同期分别下降了 5.39 个和 5.89 个百分点；企业下季度固定资产投资预期指数、设备投资预期指数[④]分别为 44.61% 和 44.36%，比上季度分别下降 0.26 个和 0.09 个百分点，比上年同期分别下降了 4.81 个和 3.89 个百分点。

对全省 13 个市重点建设项目计划投资的调查显示，2013 年各市重点建设项目中工业项目年内计划投资额增长 20.9%，比 2012 年工业投资增速略升 0.5 个百分点。综合调查情况和模型预测结果，我们预计，2013 年全省工业投资增速为 21%，比 2012 年增速略升 0.6 个百分点。

二、2013 年投资资金来源分析

2013 年以来，江苏省投资资金来源

---

① 由于省统计局还没有公布 2013 年江苏工业企业库存情况，2012 年 12 月产成品库存为我们能够获取的最新统计数据。

② 本次调研在无锡、徐州、苏州、扬州、泰州、淮安 6 个城市开展，调研企业涵盖了不同规模企业 57 家，行业分布包括交通运输设备制造、专用设备制造、黑色金属冶炼、机械、非金融矿物制造、纺织、光伏、化工、医药、化纤、电子等。

③ 固定资产投资景气指数/设备投资景气指数=选择投资"增加"的企业家占比+0.5×选择"持平"的企业家占比，该指标值上升，表明企业当期固定资产/设备投资有所增加。

④ 固定资产投资预期指数/设备投资预期指数=预期投资"增加"的企业家占比+0.5×预期投资"持平"的企业家占比，该指标值上升，表明企业预期下季度固定资产/设备投资有所增加。

增速①在 2011 年、2012 年连续两年低于投资增速后，再度超过固定资产投资增速，2013 年 1~2 月累计同比增长 21.5%，高于同期投资增速 1.4 个百分点，也比 2012 年同期和全年增速分别提高 0.4 个和 1.9 个百分点，表明当前固定资产投资获得的资金支持力度有所加大。展望 2013 年江苏投资资金来源状况，预计将呈现以下几个特征。

（一）对外部资金的需求增速将有所加快

预测显示，2013 年江苏省固定资产投资对外部资金需求增速②为 21.9%，高出 2012 年投资资金来源增速 2.3 个百分点，略高于全年预测投资增速 0.4 个百分点。

从资金需求看，2013 年除总投资增速有所加快推高了资金需求总量外，投资结构的变化也使其对外部资金的依赖增强。据我们对全省 130 个重点建设项目的调查，其中的工业投资项目自筹资金占比高达 47.2%，而基础设施投资、房地产投资的自筹资金占比分别只有 19.4% 和 36.1%。根据前文的预测，2013 年江苏省投资的总体格局将是，基础设施投资、房地产投资加快，工业投资保持相对平稳，意味着 2013 年江苏省在保持总投资增速稳中略升的情况下，投资对外部资金的需求会明显增加。

从资金供给看，2013 年货币资金状况预计将维持当前稳中趋松的运行态势，从而对投资资金形成一定的支撑。自 2012 年 5 月起，全国及江苏省货币资金供给总体趋松。全国 M2 余额同比增速、江苏存款余额同比增速分别由 2012 年 5 月的 9.9% 和 12.8%，波动上行至 2013 年 2 月的 15.2% 和 18.5%；全国银行间 7 天同业拆借加权平均利率、江苏金融机构贷款加权平均利率则分别由 2012 年 5 月的 3.86%、7.84%，波动下行至 2013 年 2 月的 3.44% 和 7.07%。

（二）贷款依然是投资最主要的外部融资来源

统计数据显示，2008~2012 年江苏省固定资产投资资金来源合计中"国内贷款"占比一直稳定在 12% 左右，但其中并不包括一些企业通过集团总部或母公司贷款获取的资金（一般计入自筹资金），从而低估了贷款在投资资金来源中的实际所占比重。据我们对全省 130 个重点建设项目资金来源的调查③，2013 年在建重点项目计划投资总额中 39.8% 的资金来自银行贷款，其中，2013 年当年计划投资额中 41.2% 的资金来自银行贷款，是固定资产投资最重要的外部融资来源。与此同时，即使不包含一些企业通过集团总部或母公司获取的贷款，2008~2012 年全省固定资产投资资金来源中国内贷款占当年新增人民币贷款的平均比重也高达 52%，2011 年、2012 年占比更是分别高达 65.2%、71.3%。因此，不仅金融机构贷款投放情况对投资走势具有重要影响，由投资引致的信贷需求对整个信贷运行的影响也十分显著。

---

① 数据来源于江苏省统计局统计月报。

② 外部资金需求是指计划投资中除自筹资金外的资金需求。

③ 分别在苏南、苏中、苏北各市发改委备案的重点建设项目中选取了 12 个、10 个和 8 个重点项目。

为了进一步探讨 2013 年投资走势对信贷投放的影响，我们用存款余额同比增速代表贷款的资金供给情况，用投资累计同比增速、商品房销售面积累计同比增速分别代表实体经济和居民潜在的信贷需求，建立了贷款余额同比增速与上述三个变量的 VAR 模型。预测结果显示，2013 年要实现前文预测的投资增速，全省人民币贷款余额同比增速应为 13.7%，与 2012 年贷款增速基本持平。与此相应，2013 年全省需要新增人民币贷款 7417.6 亿元，比 2012 年多增 866.9 亿元。

（三）对债券、委托贷款和信托资金的需求将明显增加

据调查，2013 年全省 130 个重点建设项目融资需求结构中，债券、委托贷款和信托融资占比变化最大，由 2012 年的 2.7% 升至 2013 年的 11.9%。其中，尤以基础设施投资对债券、委托贷款和信托融资需求的上升最为明显，130 个重点建设项目中的基础设施投资对债券、委托贷款和信托融资需求的占比由 2012 年的 3.9% 大幅提升至 2013 年的 25.9%。据了解，这主要是因为政府平台贷款控制较严，迫使一些基础设施建设项目积极寻找其他融资渠道。

比较而言，工业投资对债券、委托贷款和信托融资需求仅有小幅上升，从 2012 年的 0.3% 升至 2013 年的 3.3%；受销售回暖带动房地产开发企业资金好转的影响，房地产投资对债券、委托贷款和信托融资需求则由 2012 年的 6.2% 下降至 2013 年的 2.6%。

综合样本调查情况和模型预测结果，我们认为，2013 年全省固定资产投资对债券、委托贷款和信托融资的需求约为 3532 亿元，比 2012 年增长 16.8%，接近同期新增贷款的一半。

三、简要结论

在消费平稳、出口复苏较弱的背景下，投资依然是驱动 2013 年江苏经济回升的重要动力。我们预计，2013 年全省投资增速将出现稳中略升的运行态势，投资资金需求也将随之有所增长，其中，对贷款的需求将稳中趋增，对债券、委托贷款和信托等方面的融资需求则会明显增长。从不同投资项目性质看，基础设施投资虽是本轮投资回升的主要动力，但其向银行贷款受到政策限制，迫使部分基础设施建设项目转向直接融资和银行表外融资等渠道。与此同时，房地产投资增速出现回升迹象，但回升趋势能否持续受调控政策变化影响较大。此外，尽管当前金融机构对工业投资的融资受到政策鼓励，但由于企业本身投资意愿不强，其有效信贷需求依然较弱。

执笔：戴国海　王宗林

当前海南省经济运行中值得关注的几个问题

中国人民银行海口中心支行调查统计处

一、物价潜在上涨压力仍不可忽视

2012 年，在一系列抑制物价过快上涨的宏观调控措施影响下，海南省物价趋稳回落的调控目标得以实现，全年 CPI 累计上涨 3.2%，低于年初预期调控目标 1.8 个百分点。从 2013 年物价走势看，在翘尾因素维持在较低水平的情况下，受国内粮食 9 连增、需求难以立即提升的影响，全省物价不具备大幅上涨的基础，但推动物价上涨的因素依然存在，对物价的防控依然不能松懈：一是推动物价上涨的货币条件趋于宽松。从国际情况看，2012 年，美国连续推出量化宽松政策，欧洲中央银行、韩国、巴西、澳大利亚和印度均采取了降息措施。从国内情况看，2013 年 1 月末，M2 同比增长 15.9%，分别比上年末和上年同期高 2.1 个和 3.5 个百分点，结束了市场对 M2 增速稳定在 14% 左右水平的预期。二是

猪肉价格将进入新一轮上涨周期。从历史规律看，猪肉价格波动周期一般为 36 个月，上升周期为 18 个月左右，下降周期为 13 个月左右，调整期为 4~5 个月。自 2011 年 10 月猪肉价格下跌以来，2013 年猪肉价格进入周期性的上涨阶段。猪肉价格在 CPI 中的权重为 3.8% 左右，猪肉价格上行周期一旦确立，对 CPI 的影响应予以高度重视。三是资源性商品价格市场化改革将增大物价上涨压力。十八大报告提出深化资源性产品价格和税费改革。从 2012 年 7 月开始，海南开始实施阶梯电价，海口管道燃气价格也从 2013 年 1 月开始上调，2013 年新的成品油定价机制、煤炭价格市场化可能会进一步扩大，会推动消费终端价格上涨。

二、房地产市场仍有待观察

自 2012 年四季度以来，海南房地产

市场呈现出回暖迹象。根据人民银行海口中心支行对 30 家典型楼盘的调查结果，2012 年 10 月至 2013 年 1 月，各家楼盘成交量分别为 454 套、617 套、1023 套、1005 套。楼盘销售均价则在 12 月均价降至全年最低点 8161 元/平方米后，于 2013 年 1 月攀升至 8481 元/平方米。但在以限购为主的房地产市场调控政策作用下，近两年海南省房地产市场需求受到抑制，加上海南省楼盘开发速度较快、楼盘存量较大，存在库存消化周期较长的问题。在接受调查的 30 家样本楼盘中，可售房屋套数为 22256 套，按照 2013 年 1 月楼盘销售量大致测算，样本楼盘库存周期为 22.1 个月，远高于一般楼盘 10 个月左右的库存周期，而近期国务院及时出台"新国五条"可能会进一步加剧对房地产市场观望气氛。

但基于以下几点因素考虑，当前海南省房地产市场出现较大幅度调整的可能性并不太大，2013 年全省房地产走势仍有待进一步观察。一是海南省房价平稳，进入房产税扩容名单位的可能性不大。二是在"限购"认定上，限购政策在海口已有两年，部分外地购房者纳税和交社保时间已满一年，已经具备了购房资格。同时海口面向公众的房产查询并不涉及其他城市，限购升级影响也不明显。三是随着海口楼市逐渐平稳，刚需逐渐成为市场主力。预计之后若无差别化的细化政策出台，对楼市影响甚微，而细化政策出台，则可能造成房价阶段性小幅波动，但总体影响不太大。

三、工业经济增长乏力

2012 年末，全省工业实现增加值 482.05 亿元，同比增长 8.9%。工业增加值占 GDP 的比重为 16.9%，比上年回落 0.5 个百分点，工业短腿现象进一步加剧。

工业经济增长乏力的主要原因，从供给方面看，传统主体行业受限于设备负荷或原材料供应等因素制约工业经济增长。因企业的生产设备能力有限，全省工业传统主体行业——石油化工及造纸行业在没有新产能投入的前提下，历经多年的高速增长后目前已经步入了一个增长相对低的平稳发展期，工业经济的拉动作用大幅降低。其中，800 万吨炼油、140 万吨甲醇、100 万吨造纸、富岛化肥等大型重化项目近两年来基本处于满负荷生产状态，目前仅能维持在持平或略有增长的状态。从需求方面看，海南工业产品主要销往岛外，靠国内外需求拉动，但 2012 年国际市场低迷，国内场竞争激烈，影响了全省工业产品的需求。根据工业景气调查，2012 年，产品需求减少、订单不足的企业占 33.3%，且主要集中在汽车制造、医药制造、水产品加工、黑色金属冶炼和压延加工以及酒、饮料和精制茶制造等海南工业经济的支柱行业。

四、消费对经济拉动作用不足

一直以来，海南省消费率（最终消费支出/地区生产总值）低于全国平均水平。2011 年海南省消费率为 46.8%，低于全国平均水平 2.3 个百分点。2012 年全省社会消费品零售总额增长 15%，增速同比回落 3.8 个百分点，增速居全国 22 位。

导致消费增速偏慢的原因主要包括：一是经济继续下行，使居民对就业和工资增加的前景不看好，以及物价上涨、股市低迷等因素影响，居民消费预期减弱，影响即期消费。2012 年，全省城镇居民人均可支配收入为 20918 元，农村居民人均现金收入为 7408 元，均处于较低水平。人民银行海口中心支行储蓄问卷调查结果显示，2012 年四季度城镇居民未来收入信心指数为 59.05%，同比下降 2.98 个百分点。城镇居民未来物价预期指数为 73.94%，同比提升 2.23 个百分点。二是汽车补贴政策退出以及房地产市场的持续低迷，导致汽车类、家电类、居住类商品等原来的消费热点明显降温。2012 年，在全省限上企业商品零售额中，汽车类同比增长 2.3%，家电类消费同比下降 3.7%，家具类同比下降 2.8%。三是网购消费不断壮大，造成省外大城市分流了海南省一部分零售市场份额。根据海南省商务部门估计，2012 年全省网购额占社会消费品零售总额的 8%左右。四是消费需求新亮点尚未形成，常规的消费热点未见起色。

五、小微企业经营仍面临困境

扶持中小企业发展，有利于促进经济增长活力，但当前海南省中小企业，

尤其是小企业经营仍面临较大的困境表现为：一是抗风险能力差。调查表明，海南 90%的中小企业没有提取呆坏账准备金，企业经营缺乏长期发展的保障能力。同时，由于资金投入不足，中小企业的技术设备水平总体比较落后，以工业企业劳动装备率为例，独立核算的小企业的人均装备水平是中型企业的 50%，是大型企业的 25%。二是小型企业经营不景气。海南省统计局调查数据显示，2012 年四季度，全省小企业景气指数为 126.1，落后于大中型企业（分别为 161.9 和 131.2）；盈利指数为 81.9，低于中型和大型企业盈利指数（分别为 90.9 和 82.4）。三是小型企业中小企业产业结构性矛盾较为突出。目前，海南省小企业都集中在海口、三亚、洋浦、儋州、琼海和万宁等地，近七成小企业集中在海口。从产业分布来看，第三产业发展较快。有 70%以上的小企业集中在第三产业，而第一产业和第二产业仅占 10%和 20%。其中，批发和零售业占行业分布主导地位，农林牧渔业、租赁和商务服务业、建筑制造业次之。四是融资困难问题突出。2012 年末，全省小微企业贷款余额为 573.87 亿元，同比增长 9.5%，低于全省贷款平均增速 12.3 个百分点，占全省企业贷款余额的 19.1%，比上年末回落 2.4 个百分点。

六、部分领域存在的潜在金融风险值得重视

一是房地产贷款潜在风险。2013 年

1月末，全省房地产贷款余额为775.5亿元，占全省贷款的19.7%，占比偏高。与此同时，房地产贷款整体质量依然处于较高水平，1月末，全省房地产不良贷款余额为3.37亿元，不良率为0.37%，处于较低水平，但在当前全省房地产市场走势仍不明朗的情况下，房地产价格依然存在回落可能，房地产贷款潜在风险值得长期关注。此外，从人民银行海口中心支行监测结果显示，银行业通过委托贷款形式流入房地产业的情况并不鲜见。2012年海南省商业银行向房地产及建筑行业发放29笔共计13亿元，占全部委托贷款的47.6%，这部分贷款由于游离在监管政策之外，其中隐含的风险也不容忽视。

二是融资平台贷款潜在风险。2012年末，海南省融资平台贷款余额为809.06亿元，当年新增51.39亿元。总体来看，在平台风险不断暴露和监管日益严厉的背景下，全省地方融资平台信贷管理不断加强，风险缓释措施逐步落实，地方融资平台贷款质量依然较高。2012年末，全省融资平台贷款中不良贷款余额为3.82亿元，不良率为0.47%，低于同期全省金融机构不良贷款水平。但目前全省土地出让金收入低增长，加大了融资平台偿还风险。2012年，全省国有土地出让收入累计入库249.89亿元，同比仅增长3.9%。

三是民间借贷潜在的风险值得警惕。据人民银行海口中心支行监测结果，2012年四季度，全省民间借贷市场活跃度显著上升，企业流动资金和过桥资金等融资需求有所上升，且融资利率偏高。据对15家典当行和17家小贷公司的调查结果显示，其融资息费率分别高达31.04%和21.27%。部分民间融资实际上是通过小贷公司向银行转贷而来，融资利率偏高在加大偿还风险的同时，可能将风险进一步延伸至银行体系。

对山西省 2013 年上半年经济金融运行趋势的判断

中国人民银行太原中心支行调查统计处

一、山西省综合景气预警情况

2012 年，山西省综合经济景气指数触底企稳。该综合警情指数分析是应用货币监测分析与预测系统中的监测预测模块，首先对每个指标当期落入的信号灯区间作出判断，然后等权加总合成综合评分值，用于判断当前整个宏观经济

形势。结合山西省宏观经济实际情况和综合警情指数图，山西省 2012 年下半年处于浅蓝色偏冷景气区间，但从趋势上看，山西省 2012 年 9 月经济开始促底反弹，从指数走势来看，经济运行有触底企稳迹象，目前进入回升阶段。

为了进一步预测 2013 年下半年山西省宏观经济走势，我们应用时差相关分析、K-L 信息量以及 BB 谷峰图等方法对现有数据进行判断与筛选，以工业增加值为基准指标，确定了先行指标：固定资产投资、进出口额、钢产量、存款、贷款、财政支出、商品零售价格指数、发电量；一致指标：焦炭产量、原煤产量；滞后指标：社会零售

图 1 综合警情指数图（2004 年 3 月至 2012 年 8 月）

注：预警信号灯把宏观经济形势分为"过热"、"偏热"、"正常"、"偏冷"和"过冷"五个区域，分别以"红灯"、"黄灯"、"绿灯"、"浅蓝灯"、"蓝灯"表示。"绿灯"区居中，代表常态区或稳定区，"黄灯"区和"浅蓝灯"区为警告区，"红灯"区和"蓝灯"区为极端区。

品消费总额、CPI、地方工业亏损额、工业品出厂价格指数、工业企业亏损额。通过经济景气预警软件生成合成指数走势图。一致合成指数的波峰和波谷和基准指数的一致；先行指标具有一定的先行性，先行合成指数的波动曲线比一致合成指数平均领先 5~8 个月，2012 年 8 月到 11 月，先行合成指数处于经济复苏期，初步推断山西省经济 2013 年上半年处于企稳阶段。

二、2013 年上半年主要经济金融指标预测结果

（一）GDP 增速仍将高于全国，上半年预计增长 8.9%左右

从 GDP 具体的增长速度看，山西省自 2010 年一季度以来经济增速持续高于全国。从 2013 年前半年情况看，全国和山西省 GDP 增速均出现了不同程度的下降，并且山西省降幅要低于全国。考虑到经济增长的惯性因素，预计山西省增速高于全国的态势不会改变。从具体预测看，本报告将分别采用 SEATSTRAMO

模型和 ARMA 模型分别对 2013 年上半年 GDP 进行预测，再对两个预测结果进行对比，结果显示 GDP 增速将继续放缓，将在 8.9%~9.4%区间运行。

（二）物价水平将前高后低，预计上半年 CPI 为 102.4%

物价水平全年呈现 U 形走势，2012 年四季度到年底前物价走势上扬主要是随着节假日临近，季节性因素将对物价上涨重新发挥作用；2013 年为应对目前经济下行局面，大规模的投资和消费刺激不可避免，这必然带来新一轮的货币供应量上升，但货币供应量传导到 CPI 仍需进一步观察。从 CPI 具体预测看，鉴于 CPI 具有明显的季节特征，本报告采用季节 ARIMA 模型对 CPI 进行预测，结果显示 CPI 将呈现前高后低走势，在 2.4%~3.3%区间运行。

（三）工业增加值持续下行，固定资产投资需求萎缩

工业增速持续下行。受经济增速放缓等因素影响，全国火电、钢铁等产量增速回落，甚至出现负增长，市场有效需求减弱导致山西煤、焦行业经营压力加大、价格快速下降，市场仍未显现积极信号，山西以煤为基础的工业增速呈持续下行态势。从经济预警系统的预测结果看，2012 年山西省工业增速虽然有所回落，但整体高于 2009 年水

图 2　合成指数图（2008 年 3 月至 2012 年 11 月）

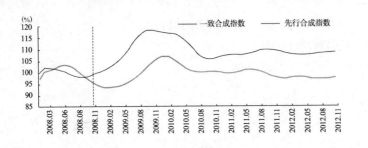

平。模型预测，2013 年上半年全省规模以上工业增加值增速将回落至 7.5~8.4%。

固定资产投资需求萎缩。2012 年，在全省经济增长放缓、银行限制政府投融资项目贷款、房地产开发增速持续回落等制约投资的因素综合持续作用下，固定资产投资将保持低位运行。模型预测，2013 年上半年山西省固定资产投资增速将在 23%~26%区间运行，已接近甚至低于 2009 年危机水平。考虑 2013 年综改区建设可能进一步增加投入及部分 2013 年重点项目的落实开工，预计实际增速将略高于预测值。

（四）存、贷款保持较快增长，对经济的促进作用存在时滞

至于货币政策，我们的判断是，2013 年货币政策总体思路与 2012 年大体相近，由于通胀压力仍然存在，从稳增长角度出发货币政策的空间要小于财政政策。对于未来货币政策工具的选择和运用，我们认为中央银行仍然以数量工具为主，利率工具的运用概率较低，公开市场操作仍是首选，存款准备金率调整存在一定空间。综合考虑山西省存、贷款将继续保持较快增长。从经济预警系统预测的结果看，2013 年上半年，全省各项存款将达 26600 亿元，较年初新增 2550 亿元，比年初增长 14.4%，各项贷款将达 14550 亿元，较年初新增 1400 亿元，比年初增长 15.9%，存、贷款持续较快增长，对经济支持力度加大，但刺激经济的作用体现仍存在时滞。

三、2013 年上半年宏观经济形势整体判断

全国形势初步判断：我们谨慎乐观地判断中国货币政策继续以稳定物价为主要任务，2013 年维持利率稳定，并保持货币增速 16%~17%的常态水平。由于外部经济复苏缓慢，在国内宏观调控政策向常态回归后，GDP 的增长将转入高位稳中趋降的态势，价格水平也将缓慢下降。中国经济出现"硬着陆"的可能性非常小。

山西形势的初步判断：山西省经济在工业、固定资产投资的驱动下将继续保持较快增长，2013 年上半年 GDP 预计增长 8.9%。工业增长预计为 7.5%~8%，固定资产投资增长保持在 26%~23%。2013 年初，在食品价格上涨的推动下，通货膨胀压力不断加剧。CPI 运行呈现前高后低走势，在 2.4~3.3%区间运行，通货膨胀对居民实际收入的侵蚀将会削弱居民消费需求对经济增长的贡献率，导致上半年山西省经济增长方式依然是投资驱动的增长。

物价上涨及货币政策稳健预期增强
——江西省银行家回访调查报告

中国人民银行南昌中心支行调查统计处

为了解银行家对 2013 年经济金融形势、货币政策、物价水平情况的判断，准确把握江西省金融机构经营现状及风险情况，南昌中心支行开展了银行家回访调查活动。江西省银行家问卷调查定点调查的 84 位银行家参与了调查，被调查的银行家来自各类金融分支机构。其中，政策性银行分支机构 12 家，占 14.28%，国有商业银行分支机构（国有商业银行包括中国工商银行、中国农业银行、中国银行、中国建设银行、中国邮政储蓄银行）48 家，占 57.14%，股份制商业银行及其分支机构 6 家，占 7.14%，城市商业银行及城市银行合作社 4 家，占 4.76%，农村商业银行及农村信用合作社 14 家，占 16.68%。

调查显示：

近七成银行家认为 2013 年经济将平稳较快发展，较前两年更为乐观，物价上涨压力较大被银行家判断为经济运行中最主要的困难。

对比 2012 年，2013 年新增信贷额度增长更为平稳。被调查银行更倾向于投放"三农"、企业及短期贷款。贷款需求持续旺盛，但信贷需求满足情况有所好转。超半数银行家预计总体信贷质量有所提高，信贷风险稳中趋降，且风险主要来自中小企业及融资平台贷款。

银行家普遍认为 2013 年存在通胀压力，粮食、生猪等农产品价格及劳动力成本的上升是物价上涨的主要原因。而 CPI 涨幅的预计却较 2012 年更低，认为涨幅将在 3% 及 4% 左右的银行家分别占近三成，预测农产品价格涨幅最大，房地产等资产价格的上涨依然被认为最应警惕和控制。

预测基准利率下调的银行家仍占多数，但下调预期弱于 2012 年，不调整的预期则显著强于 2012 年。2013 年银行经营中主要风险点依次为产业结构调整、融资平台及"影子银行"带来的风险。

一、对经济形势的判断

（一）近七成银行家认为 2013 年经济将平稳较快发展，较前两年更为乐观

在经过 30 年的高速增长之后，国内经济正处于从外延式的规模扩张向内涵式的结构调整、从投资出口主导向消费主导、从政策刺激向内生增长转变的拐点，在 2011 年及 2012 年的银行家回访调查中，皆有超过半数的银行家认为当年经济增速将继续回落。而在 2013 年的调查中，虽然仅 1.19 的银行家认为 2013 年经济将强劲上升，69.05%银行家认为 2013 年经济将平稳较快发展，占比最高，分别比 2011 年和 2012 年高 39.93 个及 30.02 个百分点；认为经济增速继续回落的银行家占比自 2011 年以来首次跌破半数，为 25%，分别比 2011 年和 2012 年低 29.43 个和 31.10 个百分点。

（二）物价上涨压力较大被银行家判断为 2013 年经济运行中最主要的困难

调查显示，银行家对物价上涨及经济结构调整压力的担忧有所加剧。被调查银行家认为"物价上涨压力仍然较大"是 2013 年经济运行中最主要的困难，占 67.86%，较上年上升了 5.66 个百分点；其次为"经济结构调查难度大"，占 66.67%，较上年上升了 19.11 个百分点；再次为"全球经济复苏缓慢"，占 55.95%，低于上年 12.34 个百分点；而对"经济增长下行压力增大"的顾虑随着银行家对经济平稳增长信心的增强有所减弱，排名第四，占 30.95%，比上年低

15.39 个百分点。

二、对信贷总量、结构与风险情况的判断

（一）对比 2012 年，2013 年新增信贷额度增长更为平稳

从全国看，66.67%的银行家认为 2013 年新增信贷额度有所增加，占比最高，但比上年低 4.07 个百分点；27.38%的银行家认为新增额度基本持平，比上年 4.21 个百分点。从各银行看，64.29%的银行新增信贷额度将有所增加，比上年低 7.67 个百分点，29.76%的银行基本持平，比上年高 4.15 个百分点，5.95%的银行有所回落，比上年高 4.73 个百分点。

（二）被调查银行更倾向于投放"三农"、企业及短期贷款

按行业分，"三农"、制造业及商业为 2013 年被调查行信贷投放的三大重点领域，分别占 58.33%、54.76% 及 36.90%。值得关注的是，10.71%的银行选择重点支持建筑房地产业贷款需求，占比虽最小，但比上年高 5.84 个百分点，涨幅仅次于选择重点投放商业贷款的占比。按主体分，91.67%的银行将重点满足企业的资金需求，占比最高，比上年低 2.24 个百分点；而重点投放个人贷款的占 59.52%，比上年高 10.74 个百分点，排名第二。最后为政府贷款，占 11.90%，与上年相当。按期限分，选择重点投放短期及中长期贷款的占比显著较高，占 80.95%及 55.95%，分别比上年高 2.90 个及 10.83 个百分点，选择票据的占

21.43%，比上年低2.96个百分点。

（三）贷款需求持续旺盛，但信贷需求满足情况有所好转

1. 贷款需求呈逐年持续增长的态势。在 2013 年的调查中，认为贷款需求超过上一年的银行家占 83.33%，分别比 2011 年和 2012 年高 17.51 个及 2.85 个百分点；认为需求与上一年持平的占 14.29%，分别比 2011 年和 2012 年低 14.83 个和 4.01 个百分点；认为需求少于上一年的占 1.19%，分别比 2011 年和 2012 年低 2.61 个和 0.03 个百分点。

2. 贷款需求更为旺盛，但银行家对 2013 年信贷需求满足情况的判断较前两年更为乐观。虽然认为信贷资金供需矛盾较大的仍占 50%，占比最高，但分别比 2011 年和 2012 年低 14.56 个和 18.29 个百分点；认为供需平衡的占 35.71%，分别比 2011 年和 2012 年高 15.46 个和 16.20 个百分点；认为供大于求的占 11.90%，比 2012 年高 3.37 个百分点。

（四）超半数银行家预计 2013 年信贷质量有所提高，信贷风险稳中有降，且风险主要来自中小企业及融资平台贷款

1. 认为 2013 年信贷质量有所提高及信贷风险有所下降的占比同升。一方面，54.76% 的银行家认为 2013 年总体信贷质量将有所提高，占比最大，比上年

图 1　银行家对信贷风险来源的判断

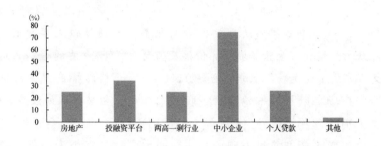

高 4.76 个百分点，比认为信贷质量有所下降的占比高 44.05 个百分点；34.52% 的银行家认为信贷质量基本不变，比上年低 5.72 个百分点。另一方面，38.10% 的银行家认为信贷风险基本不变，占比最大，比上年低 8.25 个百分点，33.33% 的银行家认为风险有所下降，比上年高 10.16 个百分点，比认为风险有所上升的占比高 5.95 个百分点。

2. 信贷风险主要来自中小企业及政府融资平台贷款。在对 2013 年主要信贷风险来源的调查中，各风险来源的占比更为集中。"中小企业贷款风险"占比显著高于其他选项，为 75%，且分别比 2011 年及 2012 年上涨了 29.43 个及 6.71 个百分点；其次为"政府投融资平台贷款"，占 34.52%；"房地产贷款风险"及"两高一剩行业贷款风险"并列第三，占 25%。

三、对物价、房价的判断及预期

（一）银行家普遍认为 2013 年存在通胀压力，粮食、生猪等农产品价格及劳动力成本的上升是物价上涨的主要原因

市场普遍预期本轮物价筑底基本结束，2013 年物价将进入新一轮上升周期，下半年通胀预期或将有所抬头。被调查银行家对市场通胀预期的判断也与其相符，52.38%的银行家认为 2013 年市场通胀预期将逐步加剧，分别比 2011 年和 2012 年高 19.47 个和 31.65 个百分点；28.57%的银行家认为通胀预期将前高后低，与上年相当；10.71%的银行家认为将逐步减弱，分别比 2011 年和 2012 年低 13.34 个和 36.85 个百分点。

同时，95.24%的银行家认为 2013 年存在通胀压力，比 2012 年高 0.12 个百分点。在 2013 年物价上涨的原因上，"粮食、生猪等农产品价格上涨"占比最高，为 65.48%，分别比 2011 年和 2012 年高 19.91 个和 9.38 个百分点；其次为"劳动力成本上升"，占 61.90%，分别比 2011 年和 2012 年高 41.65 个和 2.15 个百分点。

（二）银行家对 2013 年 CPI 涨幅的预计较上年更低，认为涨幅将在 3%及 4%左右的分别占近三成，预测农产品价格涨幅最大，房地产等资产价格的上涨依然被认为最应警惕和控制

银行家对 2013 年 CPI 涨幅的判断较上年更为乐观。调查显示，29.76%银行家预计 2013 年 CPI 涨幅在 3%左右，占比最高，分别比 2011 年和 2012 年上升了 23.43 个和 17.57 个百分点，28.57%的银行家预计涨幅在 4%左右，排名第二，分别比 2011 年和 2012 年下降了 3.07 个和 1.92 个百分点，20.24%的银行家预计涨幅在 5%左右，排名第三，分别比 2011 年和 2012 年下降了 7.61 个和 15.13 个百分点。

银行家预计 2013 年涨幅最大的是农产品价格，占 39.29%，分别比 2011 年和 2012 年高 11.44 个和 18.55 个百分点；最应警惕和控制的是房地产等资产价格上涨，占 41.67%，比 2012 年高 5.08 个百分点。值得关注的是，房地产等资产价格上涨自 2011 年调查以来，一直是银行家认为最应警惕的和控制的，其占比虽然受轮番楼市调控的影响，在 2012 年下降 3.90 个百分点，为 36.69%，但进入 2013 年后又出现反弹。调查显

图 2　银行家对市场通胀预期的判断

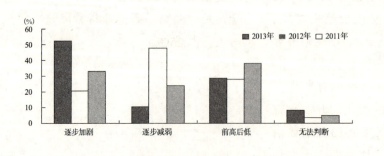

示，78.57%的银行家认为当前房地产调控有一定效果，占比最高，9.52%的银行家认为有明显效果；但受房地产等资产价格至关重要地位的影响，仍有65.48%的银行家认为2013年有必要再进行新一轮楼市调控。

四、对银行经营环境的判断

（一）预测基准利率下调的银行家仍占多数，但下调预期弱于2012年，不调整的预期则显著强于2012年

调查显示，48.81%的银行家认为"进一步增强货币政策的针对性、灵活性和前瞻性"是2013年实施稳健货币政策的重点所在，占比最高。而对比2012年，银行家整体判断货币政策走向呈稳中略松的态势，且对基准利率的调整预期弱于2012年。

存款准备金率方面，60.71%银行家认为2013年法定存准率将进行下调，占比最高，但比上年低31.97个百分点，其中，40.48%的银行家预计上半年下调，20.24%预计下半年下调。预计存款准备金率不调整的银行家从无到有，占22.62%。存贷款利率方面，46.43%的银行家认为2013年存贷款基准利率将下

调，占比最高，但比上年低12.11个百分点，其中，26.19%的银行家预计上半年下调，20.24%认为下半年下调。29.76%的银行家预计不调整，比上年高9.03个百分点。

（二）2013年银行经营中主要风险点依次为产业结构调整、政府融资平台及"影子银行"带来的风险

调查显示，银行家认为2013年经营中最主要的两大潜在风险点与上年相似，依次为产业结构调整对银行的行业信用风险管理带来的风险及地方政府融资平台风险可能对银行的资产质量稳定带来的风险，分别占54.76%及52.38%。

另外，随着"影子银行"规模迅速膨胀，不断压缩信贷资产占比，江西省银行经营业面临着不同以往的新挑战。调查显示，在风险点的判断上，"影子银行"体系对整个金融体系产生的冲击占44.05%，位列第三。具体来看，"影子银行"有一部分为银行的表外贷款部分，如以银信合作、银证资管合作等为代表的不受监管的资产证券化活动、委托贷款、同业代付等，其中的期限错配、潜在的违约等问题可能导致与普通商业银行类似的各类风险，如流动性、信用和市场风险等。

当前广西信托贷款业务面临的几个问题

中国人民银行南宁中心支行调查统计处

近年来，广西信托贷款业务发展迅速，2012 年全年新增相当于当年新增人民币贷款的 30%。但是由于广西信托贷款业务均为异地信托机构办理，因而信托贷款业务管理存在一定缺陷。同时银证合作和信证合作不断加强，快速发展的信托贷款业务为银行信贷规模进行表外化提供新渠道和新形式，融资平台类和房地产业信托贷款发展较快也为金融业健康发展带来一定的风险隐患。

一、快速增长的信托贷款业务给资金风险监测带来难度

一方面，由于异地因素导致业务管理成本较高、项目调查跟进困难，从而导致信托公司自主管理责任不足：信托公司主要负责产品结构设计及项目设立、财产运用、清算兑付等事务性工作，而关于项目筛选、交易对手考察、风险评审、账户监控和事后管理更多依赖于项目所在地银行，使得信托公司容易低估受托责任风险、放松资产管理。另一方面则是信托合同本身。在信托关系中，信托公司作为受托人需全面承担信托项目的管理职责，而银行是信托人，为信托公司所依赖的银行往往可能因无须承担实际法律责任而忽视风险管控，从而出现"两不管"的盲区。在这种情况下，如果银行和信托公司缺乏有效的管理沟通机制，快速增长的信托贷款业务将不利于信托资金监测的有效管理和风险的防范，多个投资计划对应一个融资项目的情况将难以控制。

二、金融机构间的合作不断创新，信贷资产表外化出现新方式

为逃避监管部门对银行信贷的限制和规范，以往银行大部分的做法是直接购买信托公司的融资类信托产品或向信托公司转让信贷资产的方式将信贷规模转出表外，但是随着 2011 年以来监管部门出台了一系列政策、措施对融资类和银信合作类信托业务进行规范和限制，这种传统做法受到严格监管。在此背景

下，银行不断改变与信托公司的合作方式，通过与信托公司合作设计复杂的交易结构和信托产品，规避监管控制。目前，调查了解的主要方式有以下三种：一是以"投资收益权"方式将抵质押贷款转为投资，实际上是对无法融资或融资条件不足的企业变相发放流动资金贷款；二是银行不直接购买信托产品，而是通过受让银行事先指定企业的"信托计划受益权之收益权"间接介入信托计划，以逃避有关银信合作方面的监管要求；三是采用"分级+回购维护费"方式避开"投资附加回购"的限制，达到"去融资类"的目的。与此同时，银证合作和信证合作也在不断加强，使得传统银信直接合作转变为由证券公司作为两者的中介继续深化融资类信托业务，信贷资产表外化从单纯的银行业机构间合作转变为证券业金融机构的介入。如银行发行理财产品用于证券公司资产管理计划的方式正在悄然发展。根据现行法律法规和监管要求，证券公司通过资产管理计划募集的资金可以用于股票、债券、资产支持证券、保证收益以及保本浮动收益商业银行理财计划和中国证监会认可的其他投资品种等，而信托贷款作为当前收益率相对可观的投资品，并没有在监管当局的禁令之列，证券公司资产管理计划成为了信托贷款另一条重要的资金渠道之一。以上方式虽然从形式上满足了既定的监管要求，但其实际仍可能是为了达到规避信贷规模限制的目的。随着这些业务的不断发展，其中隐藏的风险可能在银行业和证券业之间相互渗透。

三、融资平台类和房地产业信托贷款占比过高，银行面临的潜在投资风险依旧存在

从当前广西信托贷款的结构看，信托贷款成为当前投融资平台和房地产企业的重要融资渠道之一。但由于目前信托公司存在尽职调查过于依赖外部信息、缺乏信贷风险管理经验以及对外部形势变化判断不足的问题，投融资平台和房地产行业信贷风险有可能将进一步向信托公司和社会投资者转移。然而，虽然传统的银信合作已经受到监管限制，但是随着银行合作对象和方式的不断创新，最终参与信托贷款仍可能来源于银行理财资金。虽说银行理财产品的风险承担者是社会投资者，但从银行信誉和可持续性经营的角度看，银行往往会设立理财盈亏专项资金户以保证理财产品预期收益的兑付，实际上银行面临的潜在投资风险依然存在。

执笔：黄雯敏

产品市场前景不明　企业闲置资金增加

中国人民银行昆明中心支行调查统计处

当前，受宏观经济复苏势头缓慢的影响，企业经营状况较为困难，表现为产品市场销售不畅，资金使用效益偏低，亏损面扩大，企业生产性投入愿意下降，导致企业闲置资金增加，单位存款在企业季节性生产高峰期不降反增，应引起重视。

一、年初单位存款违反季节性规律，不降反增

（一）在生产投入高峰期，单位存款不降反增

在通常情况下，每年1月为企业生产性投入高峰期，由于企业组织大批原材料进货，花费较多资金，导致银行单位存款季节性下降。从历史上看，除了少数贷款猛增的年份外，1月单位存款大多数均呈下降态势。但2013年1月出现特殊情况，贷款增长属一般水平（仅比年初增长1.6%），但单位存款不降反增。1月末，云南省金融机构人民币单位存款余额比月初增加151.35亿元，增长1.60%。

（二）从存款增长结构上看，企业闲置资金增加

从存款增长结构上看，单位活期存款比年初减少100.59亿元，下降1.69%；单位定期存款比年初增加155.82亿元，增长8.81%；单位协定存款比年初增加91.44亿元，增长14.14%。由于单位定期存款和单位协定存款为全部和部分约定期限存入、到期再支取，因此，两者大部分属于暂时闲置不用资金。

二、单位存款增长背后的原因

（一）企业经营效益下滑

2012年，全省规模以上工业企业完成主营业务收入同比仅增长14.8%，增幅同比下降6.6个百分点，实现利润同比下滑10.6%。同时，企业应收账款同比增长29%，产成品资金占用同比增长19.3%，分别高于主营业务收入增幅14.2个和4.5个百分点，反映出很多企业资金周转困难，资金紧张状况加剧。因此，单位存

款增加并不是由于企业资金充裕造成的。

（二）部分企业资金使用效益低于在银行存款利率

在企业利润普遍下滑的背景下，企业亏损面扩大，亏损金额增加。2012年，全省规模以上工业企业亏损面达26.74%，同比增加3.4个百分点，亏损企业亏损额达128.91亿元，同比增长91.6%。大部分企业利润率在盈亏平衡点上下徘徊，甚至低于银行存款利率。据人民银行昆明中心支行长期监测的180户工业企业财务指标显示，2012年1~11月，剔除利润率较高的烟草企业后的企业资产利润率（已折算为年率）为2.59%，分别低于半年期和一年期定期存款基准利率0.21个和0.41个百分点（考虑到目前大多数商业银行存款利率普遍执行上浮，实际差距更大）。企业利润率低于银行存款利率成为导致单位定期存款和协定存款增加的重要原因。

（三）产品市场前景不明，企业生产性投入意愿下降

对180户企业的问卷调查显示，2012年四季度，市场需求状况指数为51.7%，同比下降0.8个百分点；国内订货水平指数为46.61%，同比下降0.62个百分点；出口产品订单指数为42.37%，同比下降2.35个百分点。上述三个指数均在较低水平徘徊，反映出企业产品市场需求下降。在宏观经济复苏前景不明确的情况下，企业对产品市场前景预期不明朗，导致企业生产性投入下降。据180户工业企业监测显示，2012年11月末，剔除烟草后的企业原材料存货同比下降7.89%，反映企业的生产性投入同比下滑。

（四）企业运用直接融资工具和表外融资工具增加，所融得资金暂时沉淀于银行账户

目前，企业向银行借款增加不多，但企业运用各种直接融资工具和表外融资工具却显著增加。2012年四季度，云南省企业债券融资当季新增135.43亿元，比上季度多增43.32亿元，增长47.03%。2013年1月，云南省金融机构表内表外理财产品当月新发产品起始募集金额为294.07亿元，同比增长10.66%，是当月新增贷款额的1.33倍。企业运用这些银行信贷以外的融资工具融得资金后，由于前述几个原因，资金暂时闲置不用，沉淀于银行账户，导致单位存款增加。

执笔：张 靖

住房贷款情况调查

中国人民银行成都分行调查统计处

近期，成都分行营业管理部对2012年度成都市发放的个人住房贷款情况进行了抽样调查。调查涉及成都市14家主要金融机构，最终获取了1100份有效样本，合计贷款金额4.3亿元，约占当年发放的0.8%。调查结果显示，"限贷、限购"等一系列调控效果显现，投资、投机行为已经淡出，刚性需求占据市场主体地位，个人住房贷款安全仍有保障。

一、借款人购房及贷款情况

（一）借款人年龄有下降的趋势

本次调查显示，借款人平均年龄为32岁，为历次调查最低。较上年下降0.9岁；极大值60岁，极小值19岁。不同年龄段借款人呈现以下特征：一是年龄与收入呈正相关。20岁及以下借款人家庭年收入最低，为10.1万元；50岁及以上借款人家庭收入最高，为19.7万元。二是年龄与首付比例呈负相关。20岁及以下借款人平均首付38.8%，低于全部借款人的43%，其首付款来源中，主要来自家庭积累的只有72.2%，为各类人群中最低，而来自父母等资助却达到27.8%，为各类人群最高。

（二）借款人家庭人口递减

调查的借款人家庭平均1.98人，为历次调查最低，较上年下降0.18人，其中单身家庭占比39.2%，其占比增加尤其明显。借款人家庭平均人口绝对值和人口的变化情况与成都实际情况相去甚远。结合近两年的调查结果，单身家庭人口占比由2008年、2009年的6%左右跃升至2010年的24.5%，而2010年正是差别化住房信贷政策进一步规范和完善之年，很难不让人对借款人的真实人口情况产生疑问。

（三）房价上涨预期上升，利率预期出现较大分歧

总体看来，稳定上涨是多数借款人对成都房价变动的基本判断：认为会有较大幅度上涨的占6%，小幅上涨的占35.8%，保持基本稳定的占50.5%，小幅下跌的占1%，没有人认为房价将出现大幅下跌。与上年调查结果对比，认为房

价将不同程度上升的占比提高了 2.7 个百分点，而预期房价不同程度下降的占比则由上年的 18% 降至 1%。

（四）借款人投资行为相对谨慎，存款仍是家庭储蓄主要投资渠道

本次调查显示，存款是 72.2% 的借款人家庭的唯一投资渠道，若加上证券、其他等选项，存款作为主要投资渠道之一（含唯一）的占比为 84.5%。而选择证券作为家庭的唯一投资的占比仅为 1%，作为主要投资渠道之一（含唯一）的占比不过 4.9%，显示风险相对较高的证券投资对借款人的吸引力有限。此外，还有 8% 的借款人没有投资行为。

二、调控效应进一步显现

（一）投资投机行为已淡出，刚性需求占据市场主体地位

1. 借款人本地化特征更加显著。借款人中，本市户籍占比为 64%，较上年下降 3.9 个百分点；但居住地为本地的占比却达到 97%，较上年提高 6.4 个百分点，继上年后，再创历次调查最高值。对借款人的户籍和居住地交叉分析显示，户籍、居住地均为外地的占比 2.5%。

2. 首次购房居主流，基本无投资投机性购房。本次 1100 个调查样本中，963 人（87.5%）为首次购房；在 137 个购买二套房的的人中，130 人选择"自住"，6 人为"给父母或子女居住"，另外 1 人选择"其他"，没有一人选择"出租"、"择机出售"等选项。此外，本次调查的借款人平均购房 1.125 套，略高于上年的 1.108 套，为历次调查第 2 低点。表明在严格的限制性条款下，投资、投机性购房已基本丧失了空间。

3. 保障性住房占比大幅提升，普通住房占比超过 9 成。本次调查，90.5% 的借款人购置的为普通商品住宅，4.4% 的借款人购置的为保障性住房（含经济适用房、集资建房、拆迁安置房、两限房等），另外 5.1% 的借款人购置的为非普通商品住房（包括高档公寓、别墅）。与 2011 年的调查数据相比，购置保障房占比上升 2.2 个百分点，表明成都市大规模保障房建设效应正在显现。

（二）银行放贷意愿减弱，对销售的助推弱化

随着市场和政策环境的变化，2011 年以来，银行对个人住房贷款的态度已发生变化，对销售的助推趋于弱化。

1. 利率区间持续上移。本次调查，借款人平均贷款利率为基准利率的 1.024 倍，较上年调查的 1.016 倍仍有上移，而与之前年度的调查结果相比，利率上移幅度更加明显。

2. 二套房贷占比提高，银行审核趋严。调查显示，银行发放的贷款中，85.7% 的贷款是以首套房名义发放，14.3% 为二套房贷。与上年调查结果相比，二套房贷占比上升 3.5 个百分点，二套房贷占比提高，也推动了首付比的持续上升，本次调查，借款人平均首付 43%，为历次调查最高，较上年提高 2.4 个百分点。

3. 商业银行对房地产走势判断发生分歧，个别银行几乎停止个人住房贷款的发放。因房价高企，政策面难有较大改观，个别银行对房价下行，个人住房贷款风险显现的担忧增加，几乎停止了个人住房贷款的发放。据统计，2012 年下半年，上海浦东发展银行、民生银行分别发放个人住房贷款 17 笔和 39 笔，仅占同期全市商业性个人住房贷款发放量的 0.02% 和 0.05%，而 2012 年末这两家行的贷款余额占比分别为 3.2% 和 3.1%。

三、个人住房信贷风险有限

（一）信贷资源向中高收入群体集中，中低收入借款人购房和贷款较为理性

本次调查显示，借款人家庭平均年收入 12.4 万元，较上年增长 8.32%；人均年收入 6.6 万元，相当于 2012 年成都市人均可支配收入的 2.4 倍，与上年调查相比，人均收入增长 17.1%，高于同期人均可支配收入 13.6% 的增幅。

此外，从中低收入家庭的情况看，其购房及贷款行为较为理性，其所购置房屋面积偏小、单价偏低，贷款往往首付较高，因此月供收入比虽高于平均水平，但仍在合理范围。同时，中低收入借款人往往较为年轻，未来收入增加的可能性较大，有助于进一步提升其还款能力。

（二）实际利率略为下降，房价收入比及月供收入比处于合理区间

2012 年的连续 2 次降息，完全覆盖了利率区间上移带来的影响：本次调查不含公积金贷款，借款人的实际年利率水平约为 6.94%，较上年的 7% 略有下降。房价收入比看，本次调查，其极大值为 17.2，极小值为 0.6，平均值为 5.5。平均值较上年的 5.2 略有上升，但与历次调查的平均值相当。月供收入比看，借款人平均贷款 39.0 万元，较上年增加 3.9 万元，增长 11%。平均月供 3154 元，较上年增长 10.5%。若加上其他未还贷款的月供，借款人平均月供收入比为 34.9%，为历次调查最低，较上年下降 2 个百分点。

（三）借款人的还款意愿进一步增强

本次调查，高达 97% 的借款人表示"不管房屋价格如何都将继续还贷"，占比较上年的 83.9% 提高 13.1 个百分点，较 2010 年的调查结果更是提高 22.7 个百分点。

（四）借款人收入预期乐观

稳定的收入状况是借款人家庭实现贷款购房愿望和降低购房还贷风险的基本保障。调查显示，借款人对未来收入的预期保持乐观：70.8% 借款人预计家庭收入基本稳定，3.9% 借款人预计家庭收入会有较大幅度上升，23.5% 借款人预计家庭收入会有较小幅度上升，三者合计占比 98.2%，较上年的 97.5% 进一步提高。

（五）首付主要依靠自身积累，需偿还的借款较少

本次调查，87.7% 的借款人首付"全部为自己家庭积累"，较上年提高 14.2 个百分点；11.5% 的借款人首付"有亲人或他人无偿资助，但没有必须偿还的借款"，较上年下降 12.6 个百分点；只有

0.7%的借款人首付"有必须偿还的借款",较上年下降1.6个百分点。

四、调查中反映的问题

（一）利率上浮伤及刚性自住需求

各商业银行对执行差别化住房信贷政策的执行，更加注重对二套、三套及以上房贷的"限贷"和"停贷"上，而对首套住房优惠却较为有限。本次调查显示，各金融机构对执行首套房贷的借款人平均利率倍数为1.01倍，已高于基准利率。以首次购置一套总价为100万元的房屋，以3成首付、20年等额本息贷款计算，若2009年末购置（7折利率），其每月还款额约为4300元；2010年末购置（85折利率），每月还款额约为4728元；2011年末购置（基准利率1.1倍），每月还款额约为5748元；2012年末购置（基准利率），每月还款额约为5239元。与2009年末相比，2012年末的每月还款额增加939万元，增长21.8%，相当于房价上涨15.3%。若以2011年末的数据看，其影响更为明显。

（二）年轻人购房更加青睐于"一步到位"

一般认为，对于住房，年轻人应采取租房—购置小户型住房—购置大户型住房的阶梯改善策略，低年龄段借款人并未表现出青睐于小户型的特性，而其房屋总价甚至高于高年龄端群体，显示低年龄借款人在购房的选择上更愿意"一步到位"而不是阶梯改善，这在相当程度上加剧了购房者的实际负担。

（三）后期租赁住房供应面临减少，房租价格走势值得关注

一直以来，成都市房租价格涨幅远远落后于房价涨幅，这也在相当程度上解决了大学毕业生、农民工等外来人员的住房需求。但随着投资需求的淡出，成都市后期租赁房屋的供应可能面临减少：本次调查，1100名借款人无人表示新购房将用于"出租"，137名已有住房的借款人中，仅5人表示原有住房将用于"出租"。

"新国五条"将对重庆房市产生六方面影响

中国人民银行重庆营业管理部调查统计处

2013 年 3 月 1 日，国务院发布了《关于继续做好房地产市场调控工作的通知》（以下简称"新国五条"）。为准确判断"新国五条"对重庆房市影响效应，人民银行重庆营业管理部对市场各方主体进行了快速调查。调查显示，"新国五条"在有效抑制投机性购房需求的同时，也挤出了改善性需求，应尽快出台细则予以保护；二手房房源激增、集中交易属短期行为，新规细则一旦出台，二手房成交量将明显下降，但二手房价格将因地理位置差异出现明显分化；新建住宅短期需求可能增加，但新建住宅价格上涨将受到较大限制；房市新政可能促使房租进一步上扬。

图1 2009 年以来居民投资房地产意愿变化趋势图

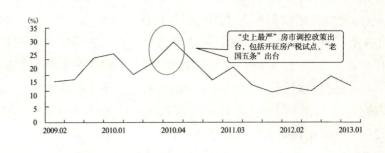

一、"新国五条"将更为有效地抑制投资投机性购房需求

据 2013 年 3 月 3 日至 8 日对全市 267 位居民的随机调查表明，选择房地产为投资方向的居民占比仅为 6.7%。而在 2013 年 2 月末对全市 400 位居民的随机抽样调查表明，选择投资房地产的居民占比为 13.75%。这意味着"新国五条"出台后不到一个星期，居民投资性购房

意愿已急剧下降。

同时，从近年来的调控经验看，国务院抑制投机类政策往往具有较好的"预期引导"效应。据人民银行重庆营业管理部开展的储户问卷调查表明，在"老国五条"（国办发〔2011〕1号）出台后，重庆居民当季投机性购房意愿环比迅速下降7.25个百分点至14%。对比"老国五条"，"新国五条"抑制投机态度更加坚决，措施更加具体有力，预计随着细则的进一步出台，投资投机性购房需求将被更有效地抑制。

二、二手房房源激增、集中交易属短期行为，新规细则一旦出台，二手房成交量将明显下降

新规下，二手房税费负担将显著上升。"新国五条"规定，出售自有住房按规定应征收的个人所得税，应严格按照转让所得的20%计征。对比目前按交易总额1%的个税征收方式，只要自有住房价格升值幅度（转让所得/房屋原价）超过5.26%，那么新个税政策所征收的税收金额就高于原规定。从钢运、中原、皇鼎等房地产中介公司二手房挂牌信息看，超过90%的挂牌二手房升值幅度都超过5.26%。

为规避二手房交易成本的上升，二手房买卖双方都在地方细则出台前完成过户，导致当前二手房房源激增，集中交易现象十分突出。据统计，截至2013年3月7日22时，在重庆搜房网登记出售二手房源共286826套，较2月底增加

11588套，几乎与过去6个月平均月度增量相当。同时，2013年3月4日以来，重庆市主城区土地房屋权属登记中心日均过户数量较新政出台前平均增加1倍以上。

但新规细则一旦出台，对以卖方市场为主导、消费弹性较低的二手房征收税费所造成的税务负担极易转嫁至买方，二手房的成本优势吸引力将下降，部分刚需也难以承受新税负，将最终导致成交量下降，并有可能促使二手房交易从卖方市场逐步转向买方市场。

三、二手房价格将因地理位置差异出现明显分化

与新房不同，"地理位置"是二手房交易的决定性因素。据2013年3月6日对11家房地产中介公司进行的快速调查表明，在当日成交或达成成交意向的45套二手房中，有42套是被"子女读书方便"、"离工作单位近"、"离亲属住房（如父母、儿女）近"、"交通方便"、"周边环境清静"等因素吸引。因此，二手房交易价格将因地理位置差异出现明显分化。具有明显的地理位置优势（如学区、交通等）的二手房，因其具有特定价值，价格将会保持刚性及温和上涨态势。而地理位置优势不明显的二手房价格则很可能因需求不足逐步走入下降通道。

需要说明的是，从历史数据看，二手房价格的变动与新建住宅价格变化高度相关。2005年以来，全市新建住宅同

比价格指数与二手房同比价格指数相关系数高达 0.84。二手房价格基本上是围绕新建住宅价格小幅波动。因此，即使对于地理位置较好的二手房，其房价涨幅会受到该地区新建住宅价格变化的有力约束。

四、新建住宅短期需求可能增加，但新建住宅价格上涨将受到较大限制

从逻辑上看，由于二手房吸引力的下降，刚需购房者选择新建住宅的概率增大，带动新建住宅需求增加。但结合重庆房地产市场实际情况看，这种需求的增加对新建住宅价格的刺激作用极其有限。

一是当前重庆房地产市场供给充足，仍以消化库存为主。截至 2012 年末，全市商品房库存面积达 780 万平方米。即使不考虑 2013 年 1~2 月新增预售面积，按照 2012 年月均销售面积，也需要 4~5 个月方能将库存消耗完毕。

二是重庆二手房交易占比较小，转移性需求对新房市场难以形成有效支撑。根据 CREIS 相关数据测算，2011 年以来，重庆二手房与新房成交面积比例与全国平均水平相当，基本维持在 1:5，远低于北京、上海、广州、深圳等一线城市。

三是趋紧的房地

产市场信贷政策、保障房建设加快、房产税试点的逐步深入等"新国五条"配套政策也会对新建住宅价格上涨形成强大限制。

因此，在供给充足、转移性需求增量偏小、调控配套措施力度加大等因素作用下，预计新建住宅价格上涨将受到较大限制。

五、改善性需求被误伤，应尽快出台细则予以保护

在对全市 267 位居民的随机调查中，有 58 位居民表示在"新国五条"出台前"存在改善性购房需求"，其中 70.6%（41 位）已考虑"暂时搁置改善计划"，改善性需求在投机性需求被挤出的同时被误伤。居民暂缓改善计划主要基于两方面原因。一是在暂缓改善计划的居民中，73.2% 的居民"需要卖出现有住房，才有能力购买改善性住房"，新规出台使得居民对现有住房的交易表示担忧。二是有 63.4% 的居民"原计划购买二手房进行住房条件改善"，担心遭遇"卖房收重税，

图2 2005年以来重庆新建住宅、二手住宅价格同比变化趋势图

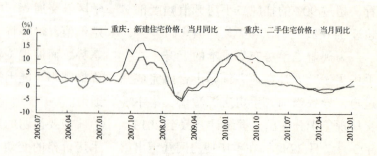

买二手房时再次收重税"的双重税负。

鼓励和保护改善性需求长期以来都是我国房市调控的重点之一，因此，有必要尽快出台"新国五条"的实施细则，对改善性需求予以保护。建议在进一步完善住房登记系统、加速实现全国联网的基础上，对于改善性购房税收采取"先征后返"的方式，即对以"以房易房"的居民家庭，待交易完成后经系统核实，若最终仅有 1 套住房，则将购房时所产生的税收全额返回。

六、"新国五条"可能促使房租进一步上扬

一是"新国五条"将推动房租市场需求增长。据对全市 267 位居民的随机调查显示，在有购房意愿的居民中，有近 80% 的居民选择观望，"想再等等看房价是否会下调"。居民购房观望意愿浓厚意味着居民租房需求将在短期内增加。

二是租金的低收益率使得租房市场供给短期内无法显著增长。据调查，全市主城区商品房租售比平均值为 1:300 至 1:350，略低于国际公认 1:300 警戒线。商品房租金年收益仅与 1 年期定期存款利率相当，二手房主目前"转售为租"的意愿偏弱，因此租房市场供给量短期内不会显著增加。

同时，租金价格与居民收入增长高度正相关，近年来居民收入的快速增长对房租上涨形成直接推力。而持续增长的物价水平也提高了二手房的维护成本，这部分成本也会转嫁给租房者。在以上因素共同作用下，未来房租可能会进一步上扬。

执笔：胡资骏

"新国五条"下合肥市房地产运行状况与未来发展趋势

中国人民银行合肥中心支行调查统计处

2013 年 2 月 20 日，国务院出台了五项加强房地产市场调控的政策措施（以下简称"新国五条"），3 月 1 日，国务院又公布房地产调控"新国五条"实施细则。人民银行合肥中心支行就新政策对房地产市场的影响进行了调研。

一、新政颁布后的合肥市房地产运行状况

（一）合肥楼市交易"量价齐升"

中国主要城市房地产市场交易情报显示，新政后的首周（3 月 4 日至 10 日）合肥成交商品房 3153 套，平均每天成交450 套，一周成交面积为 29.57 万平方米，是上年同期周均成交面积的 3.75 倍。截至 2013 年 3 月 9 日，合肥市九区商品住宅库存量为 44824 套，商品房库存量连续 7 周处于下跌状态，单周更是跌到45000 套以下。来自合肥家园网的备案数据显示，3 月 4 日至 10 日，合肥住宅类商品房共备案 2664 套，纵观 2012 年下半年及 2013 年开年 2 个月，为成交量最大的一周。

新政后的第二周（3 月 10 至 16 日）合肥市住宅类商品房累计成交 3754 套。自进入 2013 年以来，合肥市房价始终保持在 6700 元/平方米以上，目前更是超过7000 元/平方米。

（二）二手房交易量激增，挂牌价格大幅上涨

"新国五条"实施细则颁布后的首周，合肥二手房的挂牌量迎来了大幅的上涨，挂牌量激增了 1 倍以上，同时挂牌的均价也突破了 7000 元/平方米。据365 地产家居网二手房平台显示，2013年 3 月 3 日至 9 日合肥市共登记个人出售住宅类二手房记录 764 条，总登记面积达 78787.2 平方米，平均单价为 7019元/平方米。环比前一周，挂牌量上涨105.85%，挂牌均价上涨 3.58%。

（三）土地市场回暖

与 2012 年相比，2013 年合肥的土地市场可谓是"暖"字当头，在 2 月的两场土地拍卖会当中，开发商拿地意愿强烈。3 月合肥土地市场将有 11 块土地共计 1039 亩上市，分别来自合肥的滨湖、经开、新站、瑶海、高新、蜀山，8 拍 4 挂，涵盖了合肥的 6 大区域。

（四）限购担忧促使合肥房企大量推盘入市

据调查，2013 年 3 月的第二个周末，合肥楼市共 7 盘入市，较之上一周有了明显的上升，在入市房源中以经开与政务为主。据新安房产网统计，合肥 3 月将有 40 余家楼盘超 6000 套房源入市，非限购的滨湖新区预计入市房源将达 1000 余套。较之于前几周，合肥楼市推盘量上涨明显，且就购房群体来说，不仅仅是刚需，一部分改善性需求也悄然入市。

二、当前合肥楼市需要重点关注的几个问题

（一）房地产调控如何保护刚需购房者

目前，限购措施已将大部分投机投资需求挤出，作为市场主力军的刚需容易成为"受伤者"。因此，如果此轮房地产调控对刚需和投机"一刀切"，那么市场在经历短期爆棚之后，必然迎来交易冰点。这不仅会造成市场的大幅波动，波及房地产及其上下游数十个产业，也会影响经济形势和资本市场的稳定，不利于城镇化推进。

（二）商业、办公及其他类商品房市场不够景气，市场的结构性隐忧突显

据统计，2012 年合肥市商品房成交 99226 套，同比增长 16.31%，其中住宅类商品房成交 77659 套，同比增长 39.68%，成交面积达 7698189 平方米，同比增长 32.4%。商业类商品房成交 7107 套，同比下跌 26.41%，办公类商品房成交 6342 套，同比下跌 26.44%，其他类商品房成交 8118 套，同比下跌 29.01%。总体来说，只有住宅成交量同比大幅增长，而商业、办公及其他类商品房成交量同比下跌。

（三）存量房去库存化压力依然存在

据统计，2012 年合肥市可售商品住宅库存一直维持在 5 万套以上，其中 5 月达到最高值 53735 套，10 月达到最低值 50671 套，全年平均库存去化周期约为 8.2 个月左右，远超全省平均水平。目前合肥市可售商品住宅库存依然保持在 4.5 万套以上，仅蜀山一区就占到全市 1/5 以上。

（四）相比全省，合肥房地产投资的拉动作用呈减弱态势

2012 年，全省房地产开发投资增速最高的 3 个市分别是蚌埠（73.5%）、淮北（64%）、马鞍山（56.5%），增速较低的 3 个市分别是安庆市（1.5%）、合肥（2.7%）、淮南（11.6%），最高和最低的差距达 72 个百分点。合肥市开发投资完成 913.8 亿元，占全省投资的比重为 29%，比上年下降 5.1 个百分点，比 2010 年下降 7.4 个百分点。

执笔：方雄鹰

房地产调控背景下保障性住房政策研究

中国人民银行郑州中心支行调查统计处
中国人民银行新乡市中心支行调查统计科

作为国家对房地产市场调控重要组成部分的保障性住房制度，对抑制房地产投资过热、房价上涨过快起到了积极的作用。目前，我国保障性住房建设顶层设计不够，法律法规不完善，总体上还处在探索阶段，保障的范围、保障的方式、政策的衔接等方面还有待于通过实践不断去完善和提升。

一、国外保障性住房政策模式借鉴

经过多年的实践和发展，世界许多国家尤其是发达国家在住房保障方面积累了丰富的经验，总结分析，主要分为以下三种模式。

（一）以美国为代表的"市场加救助"模式

20世纪30年代，美国为了摆脱经济危机，解决低收入群体住房困难的问题，政府对住房建设进行干预，将增加公共住房供给和政府直接投资公共住房作为主要手段。从60年代开始，随着民权运动在美国的日益扩展，政府加快了公共住房供给的力度，公用住房的比例一度大幅增加。80年代后，随着住房供需状况的逐渐好转，政府采取了渐进式退出的政策：政府直接向住宅建筑商或个人提供住房开发资金、维修资金，或者提供低息开发贷款、贷款贴息、贷款担保，此外还包括向住房建筑者或租房组织提供税收优惠、利息抵税。以上一系列政策可形象地称为"补砖头"，通过这一政策来吸引投资者进入房地产市场，增加住房供给，成功变投资者为管理者。21世纪以来，美国在住房供求关系进一步得到缓和后，转而推行租金补贴政策，扩大保障对象的住房需求。所采用的金融工具主要包括向居民直接提供的各种补助和补贴，低息贷款、贷款利息抵税，以及直接向居民发放住房开支的补助——住房津贴，相应的一系列政策则称为"补人头"。从美国保障性住房体系的形成过程可以发现，为保障中低收入群体住房，美国政府先后经历了政府直接投资建房、通过政策鼓励私人购房、"补砖头"、"补人头"等几种形式，从金融层面看，政府主要利用金融扶持政策、吸引民间资本投资住房保障和财政补贴。

（二）以德国为代表的"市场加福利"模式

第二次世界大战以后，德国住房损毁率高达 21%，房屋遭到大面积破坏，住房严重供应不足，促使政府出台一系列鼓励私人和房地产商建房的政策来改善居民房屋问题，如联合各大商业银行提供低息或者无息贷款，甚至直接资助，以鼓励社会团体和个人参与社会福利房的建设，此举使得 20 世纪 50 年代德国中等收入家庭也享受国家优惠政策，住房保障发展成为普惠性福利。为了保障居民基本的生活条件，政府调动社会的公共资源，大力兴建福利性住宅，对低收入群体的租房、买房行为实行财税补贴，并从政策上保障房屋租赁者的利益。这一系列政策对于战后德国经济的飞跃也起到了积极的推动作用。60 年代，德国政府开始调整政策，推动中等收入家庭从社会福利住房福利中退出，使低收入家庭切实享受到住房优惠，住房税收优惠也可以以国家建设资金补贴的形式进行。90 年代，住房供大于求，形势发生变化，政府为刺激居民的购房需求，推出了更大力度的建房补贴和税收优惠，并积极推动银行开展住房抵押贷款。21 世纪以来，德国保障性住房建设的重点转变为对住房结构的优化和对存量住房的再分配，社会租赁住房的供应对象被限定为低收入和生活困难的家庭。

（三）以日本为代表的"政府半管制"模式

为解决第二次世界大战后住房严重短缺问题，日本政府建立了一个自上而下的只针对中低收入家庭的住房保障体系。中央政府设置省直属公共公司都市装备公团负责建造公共住房，只能出租或出售给中等收入以下群体；地方政府部门在府、县、市分别设立的房地局则负责解决低收入家庭和困难家庭的住房。日本在住房保障方面高度重视政府的干预作用，通过直接投资和间接投资，形成公营住房、公团住宅、住宅金融公库等多种保障形式。国家出资成立了住宅金融公库、住房公团、住宅融资保障协会等金融机构，专门为政府、企业和个人建房、购房提供长期的低息贷款。同时，政府对这些住房金融机构提供必要的扶持，给予补贴政策，使其能够对那些难以从商业银行获得信贷的企业和个人提供保障性住房贷款。此外，政府通过多种途径，将一些长期的、低成本的社会资金吸引到保障性住房领域，进而实现住房保障形式的多样化发展。

二、发达国家住房保障经验对中国的启示

通过对美国、德国和日本住房保障模式和经验的比较，对我国具有一定的借鉴作用。

（一）政府是责任主体

西方国家住宅消费保障制度的最大特点在于政府干预的普遍性。市场机制条件下，由于劳动能力差别的存在，一部分阶层的收入是无法承受其住宅支出的，这就在客观上需要政府提供住宅消费保障，这也是西方国家的普遍做法。尽管在住宅资源配置中，市场经济国家依赖市场发挥基础性作用，但是从各国完善的住宅消费保障制度的建立、发展和完善过程看，政府在住宅消费保障制度中起了决定性作用。德国、法国的住宅法律都明确规定，居住权是公民权利的重要组成部分。

（二）重视立法工作

综观发达国家，无不非常重视住房保障制度的立法工作。美国国会 1949 年就通过了《全国可承受住宅法》，此后又通过了《住宅法》、《城市重建法》、《国民住宅法》、《住宅与社区发展法》等相关法律，1974 年《住宅与社区发展法》中提及的租金资助计划，其核心内容是任何家庭用于住宅的支出不应超过家庭总收入的 30%。日本政府自 1950 年后，陆续制定实施了《公营住宅法》、《住宅金融公库法》等 40 多部法律保证住房保障制度的有效执行。

（三）政策的保障覆盖面较大

从整体上看，欧美发达国家和亚洲新兴经济国家的住房保障覆盖面较大，这其中又可分为两种类型和两个阶段。两种类型：一种是以新加坡、瑞典、加拿大等为主的高福利国家，住房保障几乎涵盖了全体国民，如新加坡有近 90% 的家庭居住于组屋；另一种是以美国、日本、德国为主的发达国家，基本上把全部的中低收入，甚至部分中等收入群体纳入住房保障范畴。两个阶段是指，在早期的住宅紧缺阶段，住房保障顾及面很大，基本包括全体国民；在近些年的居住升级阶段，住房保障的顾及面缩小许多，重点转向中、低尤其是低收入家庭。

（四）政策性金融和财税支持系统完善

由于住宅产业属资金密集型产业，住房保障制度的实施离不开有效的金融系统的支持。发达国家非常重视政策性金融支持系统的构建，如新加坡的住房公积金制度、日本的金融公库制度、德国的住宅互助储金信贷社、美国联邦抵押贷款协会、瑞典城市抵押银行等。另外，政府通过适当的财税减免，也能达到支持住房保障的目的。例如，针对民营企业开发运营的中低价租售住宅，政府在土地出让费、各种税收上给予大量减免。

（五）建设保障性住房以供廉价租售

保障性住房制度在发达国家的住房保障体系中居于核心地位，只有依赖可以直接控制的保障性住房，政府才能切实为中低收入者提供廉租屋和低价房。新加坡的"组屋"、日本的"公营住宅"、英国的"社会住房"等都是如此。保障性住房完全由政府进行主导，主要由政府投资建设，由政府部门运营管理，针对中低收入家庭的不同情况，以低廉价格进行租赁或销售（一般前期以租为主）。

三、完善我国保障性住房政策体系的构想与路径选择

(一) 完善我国保障性住房政策体系应遵循的基本原则

住房保障已成为一项关系社会稳定与和谐的民生问题，在今后一段时期将成为政府公共服务工作的重点。完善保障性住房政策体系应遵循以下基本原则：一是住房保障水平要适度，中国是一个发展中国家，只能是适应中国国情的适度住房保障。二是住房社会保障方式要多元化，以满足不同层次、不同保障要求的家庭基本住房需求。三是住房资源配置机制要合理化，既要讲究住房资源配置的效率性，又要体现公平性，关键就是要正确处理住房市场化与住房社会保障这两种调节机制的关系。

(二) 完善我国保障性住房政策体系的路径选择

1. 住房保障法制化。需要尽快制定出符合我国国情的住房保障法规，从立法上规定住房保障的目标、保障对象、保障标准、保障水平、保障资金、保障房源、保障机构，对骗取保障福利的行为进行严惩。

2. 建立以廉租房为主的住房保障体系。与以优惠价格出售保障房相比，租赁保障房显然具有以下好处：其一，便于将住房保障落到实处；其二，可以增强保障房的流动性与针对性；其三，有助于优化城镇居住空间布局；其四，能够杜绝骗购保障房的不良现象。当前保障性住房中的经济适用房和"两限房"两种形式应该逐步取消。

3. 完善住房市场体系。我国住房市场呈现一级市场一枝独秀、二级市场和三级市场发展滞后的局面。随着我国住房存量越来越大，人们住房支付能力的差异不断扩大，住房过滤效应开始发挥作用，住房二、三级市场将步入一个快速发展期。为此，政府应遵循住房市场发展的客观规律，大力发展住房二级市场和三级市场 (住房租赁市场)，为住房保障制度的实施提供可靠的住房来源。

4. 进一步发挥住房公积金制度的住房保障功能。一是住房公积金增值收益部分应投入到保障性住房建设中去。二是扩大住房公积金的使用方向和保障范围，支持房屋租赁等住房消费行为。三是公积金制度应成为覆盖全体劳动者的一项住房保障制度，可以通过公积金的积累和其提供的信贷支持，实现这些群体在城市中定居购房的梦想。

课题组成员：和　毅　徐红芬
　　　　　　张克军　夏云天
　　　　　　张　程

商业银行同业存款定价能力明显增强

中国人民银行营业管理部调查统计处

随着我国利率市场化进程的不断推进，同业存款在各项存款中率先实现了市场化定价，其定价能力反映了商业银行未来适应利率市场化的能力。近期，营业管理部对辖内 36 家商业银行（包括国有银行 5 家，股份制银行 10 家，城市商业银行 12 家，农村商业银行 1 家，外资银行 8 家）的同业存款定价管理情况进行了调查。调查显示，商业银行同业存款定价能力明显增强，定价中充分考虑并有效管理了市场风险和操作风险，多数被调查商业银行已建成全额 FTP 价格体系，但定价方法仍需进一步细化，系统建设有待加强。

一、商业银行同业存款定价现状

一是整体业务收益及流动性水平成为总行定价的主要考量因素。目前，商业银行总行在制定 FTP 或指导价格时，主要考虑整体业务收益及全行流动性水平两方面因素，即根据整体业务目标收益及资金运用收益确定同业存款引导价格，同时根据全行流动性水平适度调整引导价格。

二是不同期限同业存款业务定价参考基准存在差异。7 天至 3 个月期的短期同业定期存款一般以 Shibor 减点作为 FTP 或指导价格；活期及 3 个月以上同业定期存款参考同档次存款基准利率定价。

三是同业存款引导价格调整频率以每日和不定期发布为主。虽然定价参考基准确定，但以参考基准为基础加减点数需要根据情况变化而调整。建设银行、光大银行等部分银行根据每日的流动性情况对加减点数作出相应调整，北京农村商业银行等部分银行根据市场变化情况不定期对加减点数作出调整。

四是分行层面具体定价方式各异。调查显示，商业银行分行层面具体定价方式可分为四种：FTP 收益定价、FTP 与营销询价相结合、指导价格定价、逐笔上报定价。FTP 收益定价是分行根据总行制定的同业存款 FTP 价格，在锁定目标利润后进行定价。具体操作中，一些商业银行总行以上限管理和总额控制两种方式进行管理。FTP 与营销询价相结合是既参考总行 FTP 价格，又可根据市场变化和自身情况选择更具竞争力的价格水平。指导价格定价是商业银行总行对分行公布指导价格，分行吸收同业存款时以不超过指导价为原则进行定价。逐笔上报定价是分行所定的每一笔同业存款业务价格均需向总行上报，通过总行审批后方可执行。

二、商业银行同业存款业务定价体系评价

一是大部分商业银行已基本建成 FTP 价格体系，但少数城市商业银行 FTP 价格体系仍处于建设中。调查显示，大部分商业银行已经建立 FTP 价格体系。在已建成 FTP 价格体系的银行中，北京农村商业银行等少数银行实行差额 FTP，未实现分行到总行的资金全额转移。

二是部分银行将客户综合贡献纳入定价参考，但未实现量化。在被调查银行中，以工商银行为代表的多数银行将客户综合贡献度作为定性参考，但尚未有银行将客户综合贡献度与利率定价建立定量的对应关系。

三是少数银行已着手开发同业存款定价信息系统，但多数银行尚未建立相关系统。同业存款定价模型建立在将每一笔资产、负债、中间业务统计到单一客户，并合理准确分摊营运成本的基础上，因此，同业存款定价需要强大的数据库作为支撑。多数被调查银行的同业存款定价信息系统还处于计划和设想阶段，尚未真正建立。仅工商银行和中国银行开发了支持客户综合贡献度计量的同业存款定价系统，但均处于初级阶段，缺乏基础数据收集和费用分摊机制的配合。

四是商业银行在定价操作中体现出利率风险管理理念，但非经济的恶性竞争现象仍不鲜见。被调查商业银行均对市场利率走势作出判断，并根据走势变化，每日或不定期对同业存款利率基准加减点数作出相应调整。但在实际业务中，在市场流动性整体趋紧或部分银行为扩大同业存款业务规模时，不合理的、畸高的同业存款定价仍不鲜见，同业存款市场非公开、一对一的报价模式在一定程度上加剧了市场的无序竞争。

我国商业银行贷款定价模型

中国人民银行武汉分行调查统计处

商业银行贷款定价是利率市场化的核心。西方发达国家商业银行经过长期的市场实践与探索，已经建立起相对科学和系统的贷款定价理论体系，我国商业银行也在学习和借鉴国外经验的基础上，初步建立了既适应外部监管要求，又适应我国国情和银行发展要求的贷款定价机制。

一、商业银行贷款定价机制理论

西方商业银行贷款定价理论主要有五种模型，分别是成本相加定价法、成本—收益定价法、价格领导定价法、低于优惠利率定价法和客户盈利能力分析定价法。下面主要介绍在我国应用较广的成本相加定价法、成本—收益定价法和客户盈利能力分析定价法。

（一）成本相加定价法（Costplus Loan Pricing）

根据成本相加定价法，贷款定价是由银行资金成本、营运费用、贷款风险补偿和资本预期收益四部分组成，比较

适宜用于经营成本核算到部门和产品，财务管理非常健全的商业银行。贷款利率=资金成本+银行营运费用+贷款违约风险补偿+银行预期利润收益，其中，公式中的每部分都用百分比表示。目前，我国各商业银行都在建立、完善本行的财务核算体系，以便能够及时、准确地测量银行的资金成本和营运费用率等指标，为推行成本相加定价法创造了条件。

（二）成本—收益定价法（Costbenefit Loan Pricing）

成本—收益定价法主要从三方面考虑确定贷款价格：一是在贷款利率和收费水平一定的情况下，测算贷款将产生的总收入；二是估算银行交付给借款人实际使用的贷款净额；三是用测算的总收入除以借款人实际使用的贷款净额，测算出贷款的税前收益。银行通过分析测算出的税前收益是否足以补偿银行的融资成本、贷款所承担的风险以及除去所有成本后的银行预期利润，判断该笔贷款定价是否合理。该办法充分考虑了贷款投放后的净收益能否弥补因风险资

产扩张而需要增补的资本金以及是否能够提高资产收益率，且该定价办法需要建立分析模型，难度较大，但对我国商业银行资本约束机制的建立完善具有积极意义。

（三）客户盈利能力分析法 (Customer Profitability Analysis)

客户盈利能力分析法实际是成本—收益定价法的延伸和细化。这种贷款定价法假设银行在给贷款定价时，充分考虑到与这个客户的整体关系。银行从整体客户关系中获得的税前净收益 =（向该客户提供贷款和其他服务产生的总收入–向该客户提供贷款和其他服务产生的总费用）÷借款人实际使用的贷款净额。在整体客户关系中，银行发放贷款而得到的收益主要包括贷款利息收入及各种中间业务收入等；为客户提供服务所发生的费用主要包括雇员的薪酬、信用调查成本、存款利息、账务处理费用以及筹集资金的成本等；借款人实际使用的贷款指客户实际使用的贷款金额减去客户的存款余额（存款余额中要扣除相应的存款准备金）。通过该方法可以判断哪些客户是银行的优质客户，对银行效益贡献大；哪些客户是银行的一般客户或劣质客户，对银行贡献小或无贡献；同时，还可以评价信贷管理人员的工作绩效。该办法可以在国内银行的分支行推广，配合业绩评价系统，可以改进分支行的客户业绩贡献评价体系和客户经理激励机制。

另外两种贷款定价方法在国外应用较多，但在我国缺乏应用的现实条件。一种是价格领导定价法 (Price Leadership)，其核心是在优惠利率的基础上加收违约风险溢价和期限风险溢价。价格领导定价法虽然简便，但在我国推行还有难度，一是我国资金市场还处于起步阶段，拆借市场利率还受四大国有商业银行的资金供给影响，市场敏感度低；二是价格领导定价法是浮动定价法，短期人民币贷款仍以固定利率为主，但随着利率市场化推进和国内资金市场的规范，会逐步得到推广。另一种是低于优惠利率定价法 (Below-Prime Pricing)，其核心是针对贷款期限短（几天、几个星期）、贷款额度大的借款人以低于优惠利率发放贷款。该定价法在我国推行，其前提是国家已经实施利率市场化，国内资金市场非常规范，资金供需大；适用于金融同业和大客户借用资金额度大、期限短的贷款定价。

二、我国商业银行基于 EVA 的贷款定价机制

在我国，个人贷款和法人贷款定价机制不同。个人贷款，如个人汽车消费贷款、个人住房贷款及个人质押贷款等定价无须采用模型测算定价，主要根据中央银行指导利率进行定价。法人贷款定价机制则建立在国外贷款定价理论的基础上，但并非简单照搬，也不是单纯应用一种模型和理论，而是将多种理论结合起来，形成了符合我国实际的贷款定价机制。目前最先进的是基于经济增加值 (EVA) 的贷款定价机制。

（一）基于 EVA 的贷款定价机制的基本原则是风险收益对称、全面成本覆盖、效益市场兼顾、审慎风险决策

一是风险收益对称。在风险可控的前提下，科学计量贷款风险，实行低风险低收益、高风险、高收益的差异化贷款定价管理。二是全面成本覆盖。贷款定价要全面考虑贷款资金成本、操作成本、预期损失、经济资本成本和利率风险成本，满足经济资本回报要求。三是效益市场兼顾。贷款定价既要以效益测算为基础，追求利润最大化，又要不脱离金融同业报价总体水平，采取灵活的定价策略，增强本行市场营销能力。四是审慎风险决策。通过充分识别和科学管理风险提高贷款收益，即贷款定价既要防止不计成本盲目降低贷款利率争取客户，损害银行利益；又要讲求效益和风险的统一，严禁不顾信贷风险盲目追求贷款高利率。

（二）基于 EVA 的贷款定价机制的重要标尺是 EVA 是否大于零

在基于 EVA 的成本加总定价方法的应用过程中，首先要根据模型计算贷款利率底线，结合该笔贷款的综合风险指标来确定利率的浮动区间，合理确定贷款利率。然后，计算该笔贷款带来的 EVA 是否大于零。如果 EVA 大于零，说明该笔贷款的发放创造了相应的价值，反之则说明该笔贷款会导致价值损耗，要相应调整利率底线。此外，还有一点非常重要，就是鉴于有的银行的信用风险评级系统没有过多地考虑贷款客户的贷款总量限额，因此为了更加充分地反映客户的风险状况，必须对客户的贷款限额加以分析，并在贷款定价中加以运用。

（三）基于 EVA 的贷款定价机制的应用关键是根据综合收益率来调节贷款的最终定价

测定贷款定价=贷款定价基准+贷款定价调节系数。由于在现实中，银行与客户一般不仅仅是一笔贷款的关系，而是多项业务同时或连续发生，因此，贷款定价需要考虑到客户多项业务带来的综合收益，这也是客户盈利能力分析法的应用。贷款定价调节系数可以设置吸存收益调节系数、中间业务收益调节系数，并对大中型企业以及存款和中间业务量在一定标准以上的客户贷款定价进行调整，在不降低贷款综合收益的前提下，对贷款利率适当给予优惠。

参考文献：

[1] 贺学会：《利率市场化：新一轮金融改革的支点》，载《金融研究》，1999 (11)。

[2] 黄金老：《利率市场化与商业银行风险控制》，载《经济研究》，2001 (1)。

[3] 肖欣荣、伍永刚：《美国利率市场化改革对银行业的影响》，载《国际金融研究》，2011 (1)。

[4] Rafael Repullo, Javier Suarez, Loanpricingunder Basel capital requirements,, Journal of Financial Intermediation, 2004, 13 (4) .

2013 年四川省农民工就业及收入情况调查

中国人民银行成都分行调查统计处

2013 年 1 月底至 2 月上旬，人民银行成都分行对四川省农民工就业和收入情况开展了问卷调查。调查涉及全省 15 个市州 19 个省级劳务开发基地县或省级外派劳务基地县，共收回有效问卷 675 份。

调查显示：（1）2012 年农民工就业难度增加，尤其是省内务工困难加大；但继续外出务工意愿仍较强，超过八成农民工表示 2013 年还会外出务工。（2）农民工外出务工稳定性总体较好；跨省务工仍占主导地位，但省内就业比例有所回升；务工行业仍主要分布在建筑业、制造业和住宿餐饮娱乐业等劳动密集型行业。（3）农民工工资收入稳步增长，月均工资达 2999 元，但增速放缓，收入分布区间重心明显上移。（4）农民工对工资水平满意度下降，2013 年收入预期较为保守；农民工工资被拖欠的比例上升，社会保险覆盖面下降，劳动强度仍较大。（5）农民工土地经营权流转意愿不强；农民工保险和贷款等金融需求满足程度仍待提高；社会保障不全、居住费用高以及子女教育问题导致目前农民工城市定居意愿不强。（6）农民工期望国家采取提高农民工社会保障政策的呼声最高。

一、2012 年农民工基本情况

（一）农民工家庭务工比例上升，年龄分布重心上移

调查的 675 户农民工家庭中，外出务工 1323 人，占农民工家庭总人数的 48.2%，占家庭劳动力总人数的 75.4%，较 2011 年分别提高 5 个和 2.3 个百分点。调查的农民工中，男性占 72.6%，比 2011 年下降 6 个百分点；31~50 岁的青壮年和 51 岁以上劳动力分别占 65.2% 和 8%，分别比 2011 年上升 2.4 个和 1.4 个百分点，呈现年龄分布向偏高层次转移的趋势。

（二）文化水平总体偏低，专业技能培训覆盖面下降

调查显示，初中及以下文化程度占比仍高达71.4%，仅较2011年下降0.1个百分点。农民工"接受过当地政府或用工单位培训"和"自费的培训"的分别仅占19.4%和19.3%，而"没有接受任何培训"的占比高达56.4%，比2011年大幅上升25个百分点。

（三）就业仍主要依靠亲友介绍，其他就业渠道有所增加

调查显示，通过"亲友介绍"外出务工的占65.8%，比2011年下降2.4个百分点；通过"当地政府或劳动部门组织"和"用工单位直接到民工所在地招人"实现就业的分别占7.7%和7.3%，合计占比较2011年微升0.8个百分点；通过其他方式就业的占17.9%，比2011年上升2.9个百分点。

二、农民工就业形势

（一）就业难度增加，尤其是省内务工困难加大

调查显示，认为2012年找工作"困难"的占31.7%，比2011年上升9.2个百分点，认为找工作"容易"的占19.6%，比2011年下降18.5百分点。其中，省内务工的农民工中，认为找工作"困难"的占36.7%，比省外务工这一占比高8.6个百分点。

（二）外出务工稳定性总体较好，超过七成农民工外出务工年限在3年以上

被调查农民工外出务工年限在3年以上的占74.7%。分类看，务工年限在5年以上的农民工中，呈现出男性占比高于女性、41~50岁的中年人高于其他年龄段、文化程度越低相对越稳定的特征。

（三）跨省务工仍占主导地位，省内就业比例有所回升

被调查农民工在省外务工的占58.1%，其中，选择珠江三角洲、长江三角洲和其他地区务工的居多，分别占25.2%、14.2%和12.1%。选择"本市"和"本省其他城市"就业的比例分别为16%和25.9%，合计省内就业农民工占41.9%，比2011年回升1.4个百分点。

（四）务工行业仍主要分布在劳动密集型行业，就业行业集中度继续上升

调查显示，从事行业为建筑业、制造业和住宿餐饮娱乐业的农民工占比分别为44.3%、24.4%和16.3%，合计达85%，比2011年再上升1.2个百分点。农民工在制造行业务工的主要分布在纺织、服装、鞋帽制造业和电子设备制造业，占比分别为38%和28%。

（五）农民工继续外出务工意愿较强，超过八成农民工表示2013年还会外出务工

调查显示，表示还会外出务工的占86.8%，选择不会外出务工的仅占5.3%，还没想好或还不确定的占7.9%。在2013年不外出务工和不确定是否外出的农民工中，有16.9%的人打算回家务农，27%打算回家创业，56.2%还没想好或不确定。

三、农民工工资收入情况

（一）工资收入稳步增长但增速放缓，收入分布区间重心明显上移

调查显示，2012年农民工月均工资收入为2999元，较2011年增加336元，年增速为12.6%，低于前5年平均增速6个百分点。从收入分布区间变化上看，重心明显出现上移。2012年月均工资超过3000元的农民工占47.1%，比2011年大幅提高16.2个百分点；而月均工资在2000元以下的仅占15%，比2011年下降7.5个百分点。

（二）工资水平与性别、学历和技能等自身人力资本状况密切相关

调查显示，男性月均工资收入为3168元，比女性高619元；高中及以上学历的农民工月均工资收入为3211元，比高中以下学历多333元；接受过培训的农民工月均工资收入为3135元，比未接受过培训的多226元。

（三）省内务工工资收入增速快于省外，区域差距有所缩小

调查显示，农民工外出务工收入水平与务工区域有一定关系。从收入水平绝对额来看，2012年各区域农民工月平均工资最高为环渤海地区3449元，最低为本市2549元。分省内外看，省内和省外务工收入分别为2743元和3183元，分别比2011年增长18.4%和8.6%，省内外工资收入差距为440元，比2011年缩小176元。

图1 农民工收入增速放缓

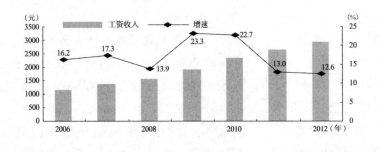

表1 不同行业农民工月均工资水平对比 （单位：元）

年 份	2008	2009	2010	2011	2012
农林牧副渔业	1424	1462	2216	2358	3060
采掘业	1619	2441	2552	3250	3361
制造业	1513	1825	2247	2587	3033
建筑业	1641	2091	2392	2926	3232
住宿餐饮娱乐	1298	1459	2197	2293	2410
交通运输业	1878	1989	2727	2510	3258
其他	1546	1808	2506	2178	2180

（四）采掘业务工收入最高，农、林、牧、副、渔和交通运输业收入增长最快

采掘业由于劳动强度大、风险性高，务工平均收入居各行业之首，达3361元；而农、林、牧、副、渔业和交通运输业收入增长最快，增速均高达29.8%。

（五）务工收入在家庭收入中居主导地位，近七成农民工将一半以上收入寄回老家

调查显示，外出务工收入占家庭总收入的比重达7成及以上的占52.9%，在5成及以上的占79%，在2成及以下的仅占6.5%。调查还显示，将5成及以上的外出务工收入寄回老家的农民工占69.5%，仅将2成及以下收入寄回老家的农民工占8.3%。

四、值得关注的问题

（一）权益保障问题仍较突出

一是农民工表示工资发放"及时"的占比较2011年下降3.6个百分点至67.6%；而拖欠工资"1~2个月"的占20%，拖欠工资"3个月以上"的占10.1%，拖欠占比合计上升1.8个百分点。二是2012年"没有办理任何保险"和"不了解、不知道用工单位是否缴纳"的农民工分别占31.3%和12.9%，分别较2011年上升3个和1.2个百分点，社会保险覆盖面连续3年下降。三是农民工劳动强度仍较大，调查的农民工每周工作40小时以下的占19.1%，比2011年略上升1.4个百分点；而超过法定工作时间每周工作41~60小时和61小时以上的虽然分别比2011年下降4.7个和1个百分点，但仍分别高达46.4%和30.2%。

（二）工资水平满意度下降，对2013年收入预期较为保守

调查显示，在物价上涨过快以及工资增速放缓情况下，农民工对目前工资水平感觉"满意"或"过得去"的占比分别为18.1%和56.1%，分别比2011年下降3.2个和7.2个百分点；而"不满意"的占比较2011年上升10.5个百分点至25.8%。农民工对2013年务工收入预期较为保守，预计工资增长的农民工占49.1%，较2011年大幅下降20.7个百分点，而预期收入"不变"、"下降"和"工资不稳定无法预期"的分别占28%、1.1%和21.8%，分别比2011年上升7.5个、0.7个和12.5个百分点。

（三）土地经营权流转意愿不强

调查显示，打算通过转包、出租、互换、转让、股份合作等形式出让土地承包经营权，专注于外出务工的农民工占33%，比2011年下降20.1个百分点；而打算通过租入、换入、受让和股份合作等形式获得其他农户的土地承包经营权，专注于发展和扩大农业生产的农民工占10.7%，比2011年上升3.5个百分点；56.3%的农民工选择"不清楚或现在说不准"。

（四）保险和贷款等金融需求满足程度仍有待提高

调查显示，虽然农民工金融需求满足程度比2011年略有提高，但认为适合农民工的保险需求、回乡创业贷款需求

和城市购房贷款需求无法得到满足的农民工仍分别占 39.7%、35.6% 和 28.6%；另各有两成多农民工的异地创业贷款、家人就医贷款、上学贷款等无法得到满足。农民工认为金融服务需求无法得到满足的主要原因，排前三位的分别是贷款条件过于严格、不了解贷款流程和政策以及适合农民工的保险产品缺乏。

（五）收支不匹配、子女教育等问题影响农民工城市定居意愿

调查显示，农民工希望在务工城市居住下来的仅占 19.6%，比 2011 年下降 7.2 个百分点；打算务工几年后回到农村居住的占 45.8%，现在说不清楚的占 34.7%。在回答"影响农民工决定是否住在务工城市的主要因素"时，选择"房租高、养老问题、工资低和子女入学难"的分别占 58.5%、53.5%、43.6% 和 41.8%。

（六）农民工期望国家采取提高农民工社会保障政策的呼声最高

调查显示，分别有 59.7% 和 59.4% 的农民工或其家庭最希望国家提供医疗养老和住房保障等社会保障措施，其中，希望国家取消户籍限制、孩子就地入学（务工）和帮助实现就业等政策的占比分别为 48.3%、48.7% 和 46.4%。

2013年广东省节后用工情况调查报告

中国人民银行广州分行调查统计处

为了解2013年春节后广东外来务工人员回流返岗以及企业用工情况，人民银行广州分行调查统计处近期对广东省19个地市266户企业开展了相关调查。行业包括纺织服装、鞋帽、箱包制造业；家具、玩具、建材五金制造业；造纸、塑料、陶瓷、其他化工制造业；食品饮料制造业和其他制造业。调查结果显示：节后员工返岗情况基本正常，用工需求总体得到满足；订单增加、供需结构错位是用工短缺的主要原因；提高工人待遇、加大招工力度同时扩大招工范围、提高员工认同感及稳定员工队伍是企业针对当前用工短缺的主要应对措施。

一、节后用工基本情况

（一）节后返岗情况基本正常，返岗人员占比近九成

由于春节后普遍招工较难，用工企业都非常重视提高员工返岗率，以保证节后正常生产经营。调查样本企业在编员工为251157人，截至2013年3月1日（正月二十），返岗上班人员平均占比为87.94%。广东省就业服务管理局也反映，2013年回家过年的外省劳动力约为978万人，截至3月6日返岗约931万人，返岗率为95.2%，比2012年节后的返岗率提高了4个百分点。

（二）用工需求总体得到满足，非珠三角地区缺工率较高

总体来看，八成以上企业用工需求得到基本满足。6.39%的企业反映当前用工需求十分满足，73.31%反映基本满足但存在少量缺工，仅20.30%反映十分紧张且缺口较大。

截至2013年3月1日（正月二十），广东省调查样本企业的平均缺工率为10.53%，工作环境较差的纺织服装、鞋帽、箱包制造业及即将迎来旺季急需扩充人手的食品饮料业缺工率都较高，分别达到15.45%和12.12%。造纸、塑料、陶瓷等化工制造业处于生产淡季，缺工率相对较低，仅为6.94%。从缺工人数看，缺工1000人以上的企业有8家，其中4家制鞋企业、3家电子加工制造企

业、1 家制衣企业。

调查同时表明，招工难的情况并没有改善。48.87%的调查企业表示 2013 年春节后招工"与上年一样困难"，43.98%认为 2013 年节后招工"比上年困难"，只有 7.14%感觉 2013 年节后招工"比上年容易"。

（三）劳动力价格持续上涨，企业人工成本压力加剧

2013 年，企业为稳住员工，都不同程度地提升了员工的工资待遇，工资成本有所上升。26.69%的企业新招员工的人工成本较 2012 年增长 10%~30%；43.98%的企业人工成本增长 5%~10%；25.56%企业人工成本基本不变。

二、当前就业市场值得关注的情况

（一）2013 年订单有所回暖，用工需求增加

2012 年下半年来，在我国宏观经济企稳的背景下，企业经营环境有所好转，订单增加推高用工需求。2013 年以来的订单有所增长的企业占 54.51%，其中九成企业为轻微增加，21.80%反映没有变化，23.68 反映订单减少。分行业看，反映订单回暖的企业占比最高的是家具、玩具、建材五金制造业，其占比为 58.82%；造纸、塑料、陶瓷、其他化工制造业也有 57.89%的企业反映订单有所增加，这两个行业均高于平均水平。而纺织服装、鞋帽、箱包制造业订单增长的企业占比为 48.48%，比平均水平低 6 个百分点，但总体订单还是呈现增长态势。

（二）劳动力供需错位，技工缺口不容忽视

劳动力供需错位仍然困扰着企业，成为近年来缺工的一大重要原因。本次调查显示，36.47%的企业认为"结构性短缺，劳动力供需错位"是用工短缺的主要原因。从缺工工种的需求来看，选择缺普工的企业占 68.05%，缺技工的占 29.32%，2.63%的企业表示缺管理人员。虽然普工缺口仍然最大，但随着产业升级，技术工人缺口对企业经营带来的不良影响也不容忽视。广东嘉莉诗（国际）服装有限公司反映，用工缺口中技工占 60%，普工占 40%，但普工的缺口对企业的影响不明显，技工的缺口影响较大。

同时，男女工供需数量不匹配也加重供需错位程度。劳动密集型企业多需要在流水线工作的一线普工，这些岗位一般要求员工认真细心，加之女工较易于管理，因此，女工较受这类企业青睐。佳能（中山）办公设备有限公司由于需求女工较多，应聘时男工需交 300 元手续费，而女工免费。

（三）珠三角工资待遇优势不再明显

调查样本的 2013 年新招录员工的平均工资为 2193 元/月，其中珠三角地区平均为 2407 元/月，比非珠三角地区平均值高 360 元。26.32%的企业新招用工人员平均月工资高达 1500 元（含）至 2000 元/月，31.20%的企业新招用工人员平均月工资高达 2000 元（含）至 2500 元/月，23.68%的企业的平均月工资可达到 2500 元（含）至 3000 元/月。

33.08%的企业认为，当前用工短缺

表1 调查企业应对用工短缺的主要措施

应对之策	企业占比（%）
提高工人待遇	72.93
加大招工力度，扩大招工范围	62.41
提高员工认同感，稳定员工队伍	48.87
优化生产流程，减少用工数量	35.71
降低招工标准	17.29
将部分生产订单外包	12.78

主要是因为"工资及福利待遇竞争力下降"。尽管工资水平有增长，但是随着近年来内地就业机会增多和长三角工薪水平提高，珠三角工资优势降低。据四川驻穗办事处有关负责人表示，截至2012年底，在广东四川籍员工九成认为广东的工资长期低于长三角；七成认为广东的工资已经和四川省内差不多。据了解，当前长三角代表性城市上海、苏州、杭州和无锡的平均月薪为3465元/月，高于珠三角广州、深圳、东莞和佛山的平均3135元/月。惠州市赛达五金制品有限公司负责人表示，该公司普工的平均工资已接近2500元/人，较2012年同期上涨近300元/人，但仍无法有效防止员工流失。

三、企业针对当前用工短缺的主要应对措施

（一）提高工资福利待遇

调查显示，72.93%的企业通过提高工人待遇来吸引和稳定员工队伍。与2012年同期相比，2013年新招工人的工资水平有明显上升。

（二）加大招工力度

62.41%的调查企业表示，通过"加大招工力度，扩大招工范围"来应对招工难问题，主要途径是举办一系列招聘活动。例如，清远市在2013年2月18日、19日、20日、21日、22日在市人力招聘中心市场举办了"春风行动"招聘周，累计有150多家企业入场招聘，提供就业岗位10000多个。3月6日"南粤春暖"就业服务大型专场招聘会约有80家企业参加，提供就业岗位6000多个。

（三）提高员工认同感，优化生产流程

48.87%的调查企业指出，面对用工短缺，企业将通过提高员工认同感来增强公司的凝聚力，进一步稳定员工队伍。另有35.71%的调查企业通过优化生产流程、减少用工数量来应对用工短缺。

农民工出省务工意愿增强
在城市生存面临诸多问题

中国人民银行西安分行调查统计处

为了解 2012 年陕西省农民工外出务工情况及 2013 年务工意向，人民银行西安分行于 2013 年春节前在陕西省 11 市（区）组织开展了抽样问卷调查，主要包括务工意愿、收入情况、务工诉求与感受、长远打算等方面内容。调查显示：春节前农民工以省内就近务工为主，从事服务业占比最高，提高收入仍是其外出务工最主要动力；春节后仅 5% 的农民工回家从事农业生产，出省务工人员有所增多，近半数农民工需要重新寻找工作；同时，农民工在城市务工生活所面临的权益保障等诸多问题值得关注。

一、调查样本基本情况

（一）样本选取及分布情况

本次调查区域为陕西省 11 市（区），调查样本从 2012 年从外出务工的农民工或农户中随机抽取，共抽取了 1000 个调查样本开展调查。根据各区域农业人口数量差异，样本分布为：咸阳、渭南地区各 120 个，西安、宝鸡、榆林、延安、汉中、安康、商洛各 100 个，铜川地区 40 个，杨凌示范区 20 个。

（二）调查样本基本特征

从性别看，男性占 61.60%，女性占 38.40%。从年龄看，1980 年以后出生的新生代农民工与 1980 年以前出生的农民工各占半数左右，其中 1990 年后出生的农民工占 12.60%，1980 年至 1990 年出生的农民工占 35.70%，1970 至 1980 年出生的农民工占 30.70%，1970 年前出生的农民工占 21%。从婚姻状况看，已婚的占 72%，未婚的占 28%。从文化程度看，大专及以上学历占 22.20%，高中、中专及技校学历占 42.80%，初中及以下文化程度占 35%。

二、2012 年农民工务工基本情况

（一）以在本省就近务工为主，中小城市及城镇吸纳能力较强

调查显示，春节前在本省就近务工的农民工占 66.20%，在东南沿海地区务工的占 22.70%，在其他地区务工的占 11.10%。农民工多选择在省内务工，主要考虑交通便利、节省生活成本以及照顾家人和农业生产。在城市的选择上，更多的农民工涌向了中小城市及县以下城镇，春节前，在中小城市务工的占 41.90%，在县城、小镇务工的占 36.60%，仅有 21.50% 的农民工在省会或直辖市务工。分地区看，省内务工的农民工更倾向于在中小城市及县以下城镇务工，出省农民工则更倾向于在省会或直辖市务工。

（二）从事服务业的占比最高，赴东南沿海的多从事制造业

调查显示，具有"打工"性质的务工占 85%，"自主创业"的仅占 15%。分行业看，从事服务业的占比为 36.90%，从事建筑业的占比为 26.30%，从事电子、机械制造类的占比为 13.20%，从事食饮烟、纺织、服装制造等轻工业的占比为 12.40%，从事其他行业占比为 11.20%。分不同地区看，在本省内以从事服务业为主的农民工占 39.43；而赴东南沿海地区务工的农民工仅有 29.96% 从事于服务业，更多集中于电子、机械制造及轻工业，占 37.89%；除上述两地区以外的其他地区，农民工也以服务业务工为主，

占 36.04%。近些年，随着产业结构升级，制造业从东部向中西部转移，但受原有基础薄弱的限制，中西部制造业发展水平与东部地区仍有较大的差距，对劳动力的吸纳能力仍有待增强。

（三）农民工主动外出务工意愿强烈，提高收入水平仍是其最直接的动力

调查显示，61.60% 的农民工外出务工的主要原因是"提高收入水平"，17.30% 选择"开阔视野、学习技能，活得更精彩些"，7.20% 的农民工表示"随大流，没多想"，仅有 13.90% 的农民工表示因为"家中地被征，只能外出务工谋生"。对于大部分农民工而言，外出务工并非家中无地可种，而是从事农业生产收入较少，虽然国家强农、惠农，政策不断出台，但农村人多地少，与在外打工从事第二、第三产业的收入相比，农业生产的"比较效益"还是较低。而且，在外面务工能开阔视野、增长见识，看到老乡都出去，也有"你出去，我也出去"，"出去总能找到事做"的心理。

（四）农民工收入有所增长，高学历农民工收入高但支出大

本次调查的 1000 名农民工 2012 年务工平均月收入是 2717 元，较上年提高 22.39 个百分点；扣除月平均支出 1525 元，结余 1182 元。其中，打工农民工的平均月收入为 2316 元，月结余 981 元；而自主创业农民工月收入为 4989 元，月结余 2386 元，收入和结余都是打工农民工的 2 倍多。

外出打工的农民工中，在本省内平均月收入为 2187 元，结余 892 元；东南

沿海为 2594 元，结余 1153 元；其他地区为 2485 元，结余 1143 元，显示出出省农民工收入相对较高的特点。按学历分，打工的农民工中，大专以下学历平均月收入为 2267 元，结余 994 元；大专及以上学历则达到 2505 元，但扣除支出后，每月仅能结余 934 元，反映出高学历收入高，但支出比例更大的特点，这主要缘于高学历农民工普遍较为年轻，家庭负担相对不重，同时物质、精神消费要求更高，因而支出也相对更高些。

三、2013 年农民工务工意向

（一）春节后极少数农民工重返农田，创业人员显著增多

对于 2013 年春节后在城市务工的难易程度，26% 的农民工认为"难度会更大"，认为"容易"的仅占 6.3%，认为难度和上年"差不多"的占比为 44.5%，对务工难易程度"说不来"的占比为 23.20%。尽管总体对 2013 年务工形势感受并不乐观，但调查显示，春节后仅有 5% 的农民工选择回家从事农业生产，较上年调查结果下降 3.03 个百分点。春节后继续外出打工的占比为 69.40%，选择自主创业的增至 25.60%，高于春节前占比 10.6 个百分点。部分农民工在掌握了一定技术、积累了一些经验并有积蓄后，创业的想法比较强烈，认为这样自主性更强、收入会更高。

（二）计划在省内务工农民工有所减少，出省务工意愿增强

春节过后，在务工地的选择上，

61% 的农民工仍选择留在本省务工，与春节前相比下降 5.2 个百分点，打算赴东南沿海就业的占比为 24.80%，高于春节前 2.1 个百分点，赴其他地区的占比为 14.20%，高于春节前 3.1 个百分点。近几年，随着农民工在本省就近务工比例的增加，春节后珠三角、长三角等东南沿海地区的"用工荒"成为常态，尤其是当经济有回暖迹象时，东南沿海及省外大城市对劳动力的需求更为旺盛，对部分农民工有一定的吸引力。

（三）近半数农民工将重新就业，从事制造业的将有所增多

春节后计划外出务工的农民工中，回原务工单位工作的占 50.44%，49.56% 的均因客观或主观的原因需要重新就业，显示出农民工工作的稳定性较差。在就业渠道上，通过同乡、亲朋介绍仍是农民工在找工作时最主要的渠道，其次是招聘会，占 10.5%，通过报刊、网络等媒体的占 9.3%，通过职介机构的占 8.8%，仅有 5.10% 的农民工通过政府组织就业。调查同时显示，春节后很多农民工将改行，从事服务业和建筑业的农民工占比有所下降，其他行业尤其是制造业从业人员有所增加。其中，打算从事服务业及建筑业的农民工较春节前分别下降 12 个和 1.3 个百分点；打算从事制造业及其他行业的分别上升 7.5 个和 5.8 个百分点。

（四）农民工期望本年收入增长五成以上，增长愿望强烈

调查显示，农民工对收入有着较高的增长期盼，其中打工的农民工期望

2013 年的平均月收入为 3584 元，较 2012 年增长 54.74%；创业农民工的期望月收入为 7819 元，增长 56.73%。分学历看，呈现高学历打工者收入期望更高的特点，其中大专及以上学历期望收入 4100 元，增长 63.70%；高中、技校及中专学历期望 3477 元，增长 53.5%；初中及以下学历期望 3419 元，增长 50.61%。

四、农民工在城市务工中存在的问题

（一）合法权益难保障，部分农民工工资仍存在被拖欠现象

由于很多雇主不与农民工签订劳动合同，雇佣关系非常脆弱，农民工合法权益难以保障，时常有工资被拖欠的情况。在问及"2012 年工资是否都发到手"时，有 73.90% 的农民工表示基本都拿到了，26.10% 的农民工表示在一定程度上存在工资被拖欠的情况，其中 24.30% 的农民工拿到了大部分工资，1.80% 的农民工表示大部分工资还没发到手。分行业看，建筑业和食饮烟、纺织、服装加工类拖欠工资情况最为突出，分别有 33.08% 和 32.26% 的农民工工资被拖欠。调查显示，用人单位拖欠工资的原因主要包括：部分企业经营不善，部分建筑企业因开发商分批拨付的工程款垫资施工，部分企业以此作为留住人的手段，等等。

（二）农民工多有在城市定居打算，收入太低是制约其在城市定居最主要的困难

调查显示，在外出就业积累了一定的积蓄后，仅 16.8% 的农民工表示还打算回到农村生活，而八成多的则向往定居于城市，其中希望定居在省会或直辖市的占 13.60%，选择中小城市定居的占比为 38.50%，倾向于在县城、小镇定居的占比为 31.10%。问及"在城市生活时最主要的困难"时，有 41.70% 的农民工选择"收入太低，难以负担基本生活"，此项是制约农民工在城市定居最主要的困难。调查发现，农民工在城市务工总体看收可抵支，每月有一定的结余，但如果再给家里寄一部分钱，也将所剩无几，难以实现在城市长久生活的愿望。相对于打工，自主创业盈余较多，也是很多农民工积累几年经验后的奋斗方向，调查中 62% 的农民工希望金融机构能够提供自主创业和自谋职业的贷款支持，满足其在资金方面的需求。

（三）专业技能的缺乏造成农民工就业困难且工作稳定性差

问及"您是否接受过政府、用人单位及相关机构的职业技能教育、就业指导或就业推荐"时，有 38.50% 的农民工表示接受过，61.50% 的农民工表示"没有"。

（四）没有固定的住所，缺乏在城市生活的归属感

调查中，在问到"在外务工的居住方式"时，有 42.30% 的农民工回答是居住于集体宿舍，38.80% 是租住他人房产，11.3% 居住于公租房，仅有 7.6% 的农民工居住于自购房中，可见大部分农民工住所都不稳定，面临着随时搬迁的窘况。另外，调查中已婚农民工占七成多，其

中43.61%的农民工为夫妇一同在外务工，有些还带着小孩一同在城市生活，另外56.39%的农民工因经济、住房等条件的限制独自在城市务工，但一旦条件成熟，多数也希望能够举家在城市生活，但城市的商品房价格让农民工遥不可及，经济适用房、廉租房又无法享受，仅有极少数农民工可以租到公租房，所以农民工想在城市定居下来，住房将是一个重要的制约因素。

（五）没有城镇户口，难以享受到公平的公共服务

部分农民工认为"没有城镇户口，难以享受医疗、养老、子女升学等平等的保障和服务"是在城市生活的一大困难，如医疗问题，大部分农民工难以享受到城市里的医疗保险，一般只是在农村加入了农村合作医疗，但远离家乡，生了病难以到指定医院就医，而在城里治病费用很高，难以承受；再如子女上幼儿园、升学问题，要承受更高的赞助费，根本无法负担，等等。虽然近几年国家对农民工落户城镇的条件有所放宽，但许多地区要求满足"有稳定工作和稳定住房"的落户门槛并未降低，这对于大多数农民工来讲是难以达到的。很多地区已经解决的农民工落户城镇中，有相当一部分也属于征地拆迁或城中村改造的范畴，对于普通的从外地来就业的农民工则很少，这就造成了外来农民工难以享受到同等的福利待遇与公共服务，形成"过客"的状态。

福建劳动力市场供需总体趋紧

中国人民银行福州中心支行调查统计处

一、劳动力市场供需有所趋紧，结构性特征明显

（一）企业用工需求增加，劳动密集型行业缺工明显

福建省劳动与社会保障厅的数据显示，2013 年 2 月，全省岗位需求登记 25.04 万人次，环比增加 32%；求职登记 20.36 万人次，环比增加 28%。2013 年 2 月，福建省人力资源市场求人倍率①为 1.23，较 1 月提高 0.04，但低于上年同期的 0.06。

近期开展的全省企业抽样调查数据显示②，231 家样本企业缺工主要集中在纺织、服装、鞋业等劳动密集型产业，其中苦、脏、累工种的用工短缺情况仍在加速，其次是酒店等其他服务行业和零售业，以莆田市为例，该市劳动密集型行业用工缺口占用工总缺口的 86%。从企业规模看，大企业用工环境稳定、福利待遇较好，劳动力紧缺问题不很明显，节后返工率在 90%左右；中小企业由于主要是从事中低端产品加工制造，劳动强度过大，工资待遇不高，缺乏对求职人员的吸引力，节后返工率在 80%左右。

（二）沿海地区用工缺口减少，内陆地区用工缺口增加

2013 年 2 月福建省劳动力市场求人倍率升降出现的特点是沿海设区市求人倍率降低，而部分内陆设区市求人倍率升高。

（三）技术工人求人倍率略有降低，但依旧维持在高位

企业对有一定技能的劳动力需求人数依旧较大，技术工人（初、中、高级技能）求人倍率为 2.01，比 1 月升高 0.04，略低于上年同期，但依旧维持在高位。

福建企业抽样调查数据显示，样本

---

① 求人倍率=岗位需求人数/求职登记人数。一般情况下，求人倍率低于 1.2 可认为处于动态供需平衡，在 1.2 以上说明缺工较严重。

② 此次抽样调查，人民银行（福州中支、泉州中支、莆田中支、龙岩中支）对辖区 231 家企业进行了问卷调查，收回有效问卷 231 份。调查企业样本涵盖了大中小微企业，主要涉及制造业、房地产业、农林牧渔业等行业，覆盖了福建从沿海到内陆的四个（福州、泉州、莆田、龙岩）地市。

企业普工缺口 14572 人，占缺口总数的 81.77%；技工缺口 2753 人，占缺口总数的 18.23%。

二、用工成本上涨，对企业经营影响较大

福建企业抽样调查数据显示，用工成本小幅上涨，技工工资涨幅较大。79.67%的样本企业预计 2013 年用工成本将小幅增加，66.43%的样本企业上调或计划上调劳动力工资，其中上调幅度 10%以上的企业占 22.7%。目前，样本企业普工平均工资为 2499 元/月，同比提高 171 元/月，涨幅为 7.19%；技工平均工资为 3554 元/月，同比提高 293 元/月，涨幅为 8.98%，部分地市样本企业技工工资涨幅超过了 10%。

三、劳动市场供需的新变化

（一）从供给看：总量有所弱化，结构性调整持续

1. 产业梯度转移加快，务工人员返

乡就业增加，省外劳动力供给减少。近几年来随着中央及各地惠农政策效应不断显现，中西部地区农民收入提高，产业梯度转移速度的加快，外出务工意愿减弱，不少工人返乡后选择在当地就业。如福州长乐市立峰纺织有限公司在江西、湖北等地都投资设立纺织厂，吸收了不少当地的劳动力。

福建企业抽样调查显示，样本企业中外来务工人员合计 96736 人，占样本企业员工总数的 44.1%。此外，部分样本企业外来务工人员返回户籍所在地后，在当地创业并拉动同一区域的务工人员辞职返乡。

2. 劳工市场求职群体出现结构性变化。目前企业用工市场求职主体以"80后"、"90后"的新生代务工人员为主，福建企业抽样调查样本企业中"90后"员工的比重超过 20%。务工人员求职标准发生了新变化，新生代务工人员受教育程度有所提高，除要求提高工资待遇，改善社保、医疗、住宿等福利条件外，更加注重对职业前景的选择。

此外，"80后"、"90后"新生代务工人员普遍不愿从事制造业特别是体力劳动型的工作，如泉州南安市亨和织造有限公司、泉州南安市万家美针织有限公司均反映现在的年轻人普遍不愿从事针织、纺织行业，现有的员

图1 福建省劳动力市场求人倍率

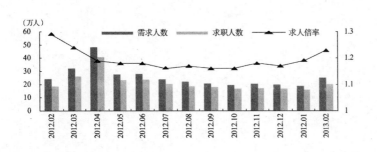

数据来源：福建省劳动和社会保障厅。

工基本都在 30 岁以上，新招收的员工年龄也普遍较偏大，这也是造成企业缺工的重要原因。

（二）从需求看：开工率提高，员工流失率上升

1. 经济复苏迹象显现，企业对未来的预期较好。调查发现，企业普遍预期 2013 年形势将好转，用工需求随之扩大。福建省企业景气调查结果显示，2013 年一季度 54.12% 的企业家认为当前宏观经济形势"正常"，比上季度增加 4.71 个百分点，宏观经济热度指数环比上升 3.53 个百分点至 28.82%，是 2011 年三季度以来首次回升，企业家信心指数比上季度上升 5.01 个百分点至 57.65%，在持续一年回落后首次走高，整体环境进一步转好，企业家对未来订单、成本控制等生产经营形势的预期较为乐观，生产速度将加快。2013 年 2 月，福建省外贸出口同比增长 34%，1~2 月，累计同比增长 32%（2012 年出口增速为 5.4%），其中劳动密集产品的出口大幅增长，带动了相关产业的用工需求增加，纺织、服装、鞋业等产业缺工现象明显。

2. 用工企业流失率上升。2013 年 2 月，福建劳动与社会保障厅监测的 90 家诚信用工企业员工流失率本月上升至 4.72%，较 1 月上升 0.85 个百分点，升至年内最高点。90 家诚信用工企业本月离岗员工总计 9683 人，环比上升 37%；新增员工总数 6086 人，环比下降 58%；员工总数净流出 3597 人。特别地是，福州、厦门的节前监测企业员工流失率分别为 6.59% 与 4.31%，高于全省平均水平。

执笔：吴　伟　高文博

春节过后大部分企业面临"用工难"

中国人民银行长沙中心支行调查统计处

2013年春节过后，有关企业用工紧缺的问题引起了很多人的注意。近期，为深入了解当前湖南省企业用工情况，长沙中心支行以发放问卷与实地调查相结合的方式，对益阳、张家界、湘潭等地共60户企业开展了相关调查。调查显示：随着经济逐步企稳回升，企业扩张规模意愿较强，订单增长较快，用工荒问题凸显，出现了"普工缺口大、技工难招、管理人员难留"三者并存的局面。

一、企业用工需求旺盛，用工缺口较大

（一）年后复工情况较差

本次调查60户企业，其中25户表示2013年的复工情况比往年差，30户表示基本持平（含15户国企），5户表示有所好转。某汽车配件制造公司年前在职员工285人，年后有60人未复工，复工率不足80%，该公司目前职工缺口约100人。另一药业制造公司生产车间员工仅20人，年后8人未复工。企业管理人员、技术人员跳槽外出相比往年更常见，某玻璃制造公司2013年流失管理人员1人，高级技术人员5人。

（二）超八成企业出现用工缺口

60家调查企业中，80.7%的企业出现用工缺口。从行业分布来看，企业用工缺口主要集中在电子装备、机械设备组装、食品加工、服务型行业，与2012年相比，用工情况出现明显变化，服务型行业用工明显增多，岗位同比增加10%。从企业类型来看，65.4%的企业对所需员工技能要求不高，23.1%的企业需要高技能员工，用工缺口主要集中在低端劳动密集型企业。从工资水平分布来看，用工缺口集中于工资水平较低企业，调查显示，60家招聘企业提供平均工薪为1500元/月左右，但其中76.9%的企业提供工资水平仅为1100~1200元/月。

（三）用工两极分化，小微企业招人更难

企业招工难问题对大型企业来说并不突出，由于大型企业薪资、福利待遇和文化建设比较领先，并与人力资源部

门进行长期合作，能较快补充人员。如南县克明面业2013年需招一线人员300人，2013年年初在现场招聘会上基本上将招聘计划完成。小微企业受限于工资水平低、工作环境差等原因难以招到工人，调查样本中25家小微企业均面临不同程度的用工缺口。湖南省资江机械有限公司是一家小型企业，2013年计划需招聘200余人，节后仅招聘20人，企业生产急需用人，开工率仅为50%，企业生产基本处于停滞状态。

二、企业"用工难"原因分析

（一）企业自身的原因

一是劳动强度较大而工资待遇相对较低。被调查企业中，高新技术企业少，部分企业盈利能力较差，在劳动力成本年年高攀的情况下，难以支付劳动者期望的工资标准。能提供高薪岗位的企业少之又少，且其高薪水平（3000~4000元）也远比不上沿海发达城市（5000~6000元），难以留住高薪人才。本次调查了解到，大部分企业招工时没有提高工资水平，少部分企业虽适当提高，但幅度不大，在10%以内。在劳动密集型企业，员工劳动强度较大，一线员工每天工作8小时以上，个别企业高达12小时，每月仅休息3~5天。目前企业都是执行的基本工资加计件工资，平均每月基本工资600元左右，有的企业基本工资仅400元，最高的也不足1000元。计件工资的工价也很低，一线劳动者平均每月工资收入2000元左右，企业管理人员工资3000元左右，员工的劳动付出与报酬反差较大。

二是员工权益缺乏保障。一些企业业主劳动法律意识仍然不强、用工不够规范，还停留在把员工当廉价劳动力的管理中，导致企业中的劳动保障、福利措施缺失。调查的企业与员工签订劳动合同的不到30%，只有少数企业为员工缴纳了各类保险金。企业普遍反映，在近年来的招聘中，应聘者的保障维权意识越来越强，大部分应聘者首先询问是否缴纳五险一金，不缴纳各类保险金的企业在招工时较为被动。企业对维权意识逐步提高的"80后"、"90后"新生代劳动主力军的吸引力大大降低。

（二）市场方面的原因

一是结构性供需矛盾突出。近年来，企业用工出现明显变化，对劳动力知识水平和技能素质提出了新要求。以2013年益阳首场招聘会为例，入场近300家企业招工涉及电焊、数控、模具等较强技术性专业，且绝大部分只招用中专、大专以上技工。另外，老一代劳动力技能培训仍滞后于岗位变化，许多新生代劳动力又缺乏实用技能，所学专业同企业岗位要求对接不上，造成企业忙于招工却招不到合适工人的两难境地。

二是服务行业吸收了大量本地就业者。随着经济社会的发展，劳动力市场发生了根本性的变化，就业渠道增多，劳动力可选择的就业机会增加。近年来湖南省餐饮娱乐、保健美容、物流物业、旅游休闲等新兴服务行业迅猛发展，消化了众多富余劳动力，劳动力供给不再无限。相对于流水线而言，劳动者更倾向从事工作时间短、劳动强度小、工资待遇高的服务行业。

三是劳动力大量外流。一般来说，欠发达地区多为劳动力富余地区，最不愁的就是劳动力。随着一些地区，特别是沿海发达地区经济的快速发展，劳动用工需求迅猛增加，客观上分流了一些欠发达地区的劳动力，欠发达地区劳动力市场供给的数量和质量受到了较大影响。

（三）劳动者方面的原因

一是缺乏一定的就业技能。部分农村富余劳动力和下岗失业人员无一技之长，难以适应企业用工需要。如永兴玻璃公司一直在招聘艺术玻璃生产技术工人，但很少有应聘者符合要求，目前艺术玻璃生产线技术工人缺口约10人。

二是缺乏正确的就业理念。部分劳动者对优越的工作环境、良好的待遇和保障充满期待，没有找到理想的工作，宁愿闲着也不愿意"低就"，尤其是湖南省近年来城镇化速度加快，周边很多农民因为土地征收得到不少补贴，再就业意愿不强。

三是热衷于外出打工。调查发现，湖南省35岁以下劳动力大部分外流，未能升学的初、高中生80%以上外出打工，经过职业学校学习培训的95%以上在外地找工作。

执笔：盛朝辉

春节后欠发达地区招工、找工两头难

中国人民银行池州市中心支行调查统计科

从2013年春节后池州市举行的一次招聘会来看，求职者与用工企业形成了对垒局面：企业急需招人，而应聘者却持观望态度。据统计，为期5天的人才招聘会上，进场单位共77家，提供岗位5273个，进场求职的仅1950人，达成意向的为217人。

一、求职者：嫌工资偏低，以观望居多

招聘会上，很多应聘者在招聘摊位前转了一圈也没有找到中意的岗位，大多因为用工企业开出的工资与自己的预期相比相差太多。据调查，前来应聘的人群中，以沿海回流求职者居多，他们普遍对工作水平要求较高，而本地经济发展水平有限，因此很难与企业达成意向。

二、招工企业：待遇成跳槽主因，离职多为年轻人

多家企业招聘负责人一致表示待遇问题是员工离职的主要原因。某公司针对员工离职情况作了专门问卷调查，调查结果反映：员工离职的主因是觉得待遇低、工作量与工资不对等。据调查，一般情况下企业人力成本上升10%，营业收入就必须上升30%左右才能支撑。

三、劳动部门：结构性缺工，用工情况稳定可控

据劳动部门节前对全市60户企业监测显示：60户企业缺工878人，其中普工7.5人，占缺工总数的80.3%；技工146人，占缺工总数的16.63%；专业技术和管理人员27人，占缺工总数的3.07%。这60家企业中，有22家存在岗位流失情况，占企业总数的36.67%，主要岗位流失的行业是通信设备、计算机及其他电子设备制造业和纺织服装业。

咸宁市外出务工人员现状调查及发展趋势预测

中国人民银行咸宁市中心支行调查统计科

2012 年咸宁市外出务工人员达 50.7 万人，占全市农村人口的 23%，占全市农村从业人员的 47%。2012 年外出务工人员呈现"年轻化、高学历"、组织性提高、就业"回流"、收入水平提高以及社会保障水平明显改善等特点。受本地务工收入和用工需求变化的影响，预测后期外出务工人员将减少，就业"回流"现象更趋明显。

一、外出务工人员变化特点

（一）基本情况："年轻化、高学历"趋势有所显现

一是外出务工人员年轻化程度明显。统计局数据显示，2012 年 20 岁以下外出务工人员为 9.7 万人，比 2011 年减少 1000 余人，下降 1.4%，占外出务工总人数的 19.1%；21~49 岁务工人员为 34.9 万人，比 2011 年增加 9000 余人，增长 2.8%，占外出务工总人数的 68.8%；50 岁以上务工人员与 2011 年基本持平。二是外出务工人员学历渐趋提高。2012 年全市外出务工人员中，小学及以下文化程度人员 6.7 万人，同比下降 7.1%，占外出务工人员比重同比下降 1.3 个百分点；初中文化程度人员 31.4 万人，增长 3%，占外出务工人员比重同比提高 0.8 个百分点；高中及以上文化程度人员 12.6 万人，增长 3.5%，占外出务工人员比重同比提高 0.4 个百分点。

（二）就业方式：仍以自发性为主，但有组织性外出人员增多

2012 年自发性外出务工人员 36.5 万人，同比减少 2000 余人，下降 0.6%，占外出务工总人数的 72.1%，占比与 2011 年基本持平，自发性仍是外出就业的主要方式。另外，有组织性外出人员增多。2012 年通过政府等有关部门、中介组织、企业招收等途径外出就业的人员达 14.2 万人，同比增加 1.03 万人，增长 7.8%。

（三）就业区域：省外务工仍占主导，但"回流"趋势显现

珠江三角洲、长江三角洲仍然是外出务工人员的首选地，但省外就业人数呈下降趋势。统计局数据显示，2012年省外务工人员30.6万人，同比减少近5000人，下降1.6%，占外出务工总人数的60.4%，占比同比下降1个百分点；省内就业人员19.2万人，同比增加近6000人，增长3%，其中县内乡外就业人员8.2万人，同比增长3%。

（四）收入变化：高收入群体增加，低收入群体下降

调查显示，2012年低收入群体呈下降趋势，高收入群体快速增长。月收入在2000元以下的有28.7万人，同比下降13.1%；月收入在2000~3000元的有16.1万人，同比增长32.3%；月收入在3000元以上的有5.9万人，增长25.5%。月收入在2000元以下务工人员占外出务工总数比例下降明显，由2011年的66.2%下降到56.6%；月收入在2000元以上务工人员比例相应上升，由2011年的33.8%上升到43.4%。

（五）劳动权益情况：社会保障水平明显提高

2012年，咸宁市政府部门创新工作方式，加大对外出务工人员帮扶力度，在广东、浙江、江苏等咸宁籍农民工较多的省份纷纷建立"农民工维权站"，为农民工提供专项服务，确保农民工合法权益。全年外出务工人员无论是就业环境还是社会保障水平均有较大改变。2012年，企业雇主拖欠工资发生率同比下降15.9%，享受劳动补贴人数同比增长7.3%，与雇主签订劳动合同人数增长11.5%，在企业参加医疗保险人数增长8.6%，参加失业保险人数增长48.1%，参加工伤保险人数增长7.6%。

二、外出务工人员发展趋势预测：外出务工人员减少，就业"回流"将趋明显

（一）本地务工收入较外出务工收入差距有一定缩小

综合全市1万多家小微企业计算，2012年年均收入在1.8万元左右，外出务工年收入要高出本地收入13.3%，高出的幅度同比下降3个百分点。

（二）本地企业用工缺口较大

2012年底，在市公共就业服务中心登记需要用工的本市企业为356家，用工需求3.4万人。虽然通过2013年初举办的14场大型招聘会，2万人的用工需求得到满足，但仍有企业存在缺工现象，较严重的单位有近130家，缺工达1万余人。目前，咸宁当地务工收入水平与外地差距在缩小，企业福利不断提高，本地用工需求也在持续扩张。后期咸宁市外出务工人员将进一步减少，就业"回流"现象将更趋明显。

执笔：陈　志

金华市用工短缺情况及走势分析

中国人民银行金华市中心支行调查统计科

据近期金华市人力资源市场及劳动保障局等部门对金华市8大劳动力市场供求情况统计，以及金华市中心支行对辖内105家企业2013年节后用工情况问卷调查显示，金华市劳动力市场供求现状及趋势情况如下。

一、企业用工短缺较为普遍，结构性矛盾呈四大特征

据就业部门调查，2013年全市企业岗位用工缺口为14万个左右，较2012年增加2万人，增幅为16.7%；缺工数约占现有职工总数的20%，较上年同期增长13.8%。截至2013年2月末，全市人力资源市场累计进场招聘企业4702家，较上年同期增长6.6%；累计提供岗位数8.8万个，同比增长8.3%；劳动者登记求职数5.3万人，同比下降8.4%，供求差距达3.3万个。另据金华市中心支行对105家企业问卷调查显示，63.8%的企业存在用工短缺，合计缺口达3196人，涉及企业面较广。据情况分析，当前劳动力短缺具有如下四个特征。

（一）从要素形态看，传统劳动密集型行业缺工较大

调查表明，几乎所有行业都不同程度地存在短工现象，而用工需求最为旺盛的是传统劳动密集型领域，机械、服装、纺织等传统制造业缺工最多，约占总缺工数的65%。如金华市区的棉纺、食品加工、机械设备制造等行业缺工最为严重，三大行业用工缺口高达20000人；辖内兰溪市的纺织服装业缺口在6000人左右，居该市各行业之最；浦江县的水晶、服装、纺织等五大行业也是缺工的主要行业，预计缺工数为20000人。

（二）从岗位形态看，普工缺工最为严重

普工为缺工"重灾区"，缺口数约占总缺口的58.7%；技工和管理人员缺口次之，缺工比例为29.8%。截至2013年2月末，包装、缝纫、挡车、铸造等操作工缺口明显，缺工数在8.1万人左右，技工和管理人员缺口在4.1万人左右。

（三）从企业规模看，规模越小招工难度越大

问卷调查显示，63.8%的企业不同程度地存在缺工现象，较上年同期提高12.4个百分点，合计缺口达3196人；其中，在101家中小企业中，存在用工短缺的企业占比达65.3%，高出大型企业40.3个百分点。样本企业平均返岗率为85.3%，同比下降4%。其中，小企业返岗率为82.7%，分别低于中型及大型企业4.8个和5.6个百分点。从企业招工情况看，28.8%的小型及微型企业认为2013年招工较往年困难，比中型及大型企业分别高出7.9个和28个百分点。

（四）从劳动力性别看，女工缺工现象更明显

从2013年节后金华市首届人力资源招聘会情况来看，共有90家企业进场提供女性岗位500余个，但进场的女性求职者寥寥无几，仅有30余名女性求职者与企业达成用工意向，女性员工供求悬殊。

二、各地区经济发展引起劳动力分流，提高劳动力工资待遇成不逆之势

外省市（如贵州、江西、安徽、湖北、河南等）劳动力占比大是金华市等先发地区企业用工的一大特点。近年来，导致企业招工难、用工短缺有多方面的原因，据对样本企业调查，春节后部分劳动力之所以不返岗，或者是由于对企业现有工资和福利待遇不满（49.5%），或者是外地务工人员积累经验后返回家乡所在地设厂（38.10%）、对企业归属感不强（53.3%），亦或者是外省企业抢夺技工资源（14.3%），这些因素是伴随各地经济发展尤其是后发地区经济跃进之后，劳动力市场出现由买方市场向卖方市场逐步转变乃至达到新的平衡过程中必然出现的现象，影响着今后一段时期劳动力供求市场的发展趋势。

（一）劳动力流动现象加剧，先发地区劳动力供给减少

随着经济发展带来就业途径的可选择性增多，以及信息网络的发展，新老劳动力流动力明显增强。问卷调查显示，76%的农民工换过工作，其中有25%的农民工在过去7个月内跳过槽。农民工群体就业"短工化"趋势凸显，职业流动周期①为24个月，与老一代农民工的50.4个月相比，缩短了26.4个月。其中新生代农民工"短工化"特征尤为突出，"80后"、"90后"的职业流动周期分别为18个月、10.8个月，一份职业的平均工作时间不到1年。在此背景下，劳动者基于收入与成本等因素考虑，涌向发达地区打工就不会成为其必然的选择，先发地区劳动力供给明显减少。据统计，全市（除义乌）节后三周进场求职的外来务工人员68605人次，相当于节前返乡总量的85%，同比下降4个百分点（2009年以来呈逐年减少态势）。义乌市节后一个月登记进场求职总量为25.8万人次，较上年同期下降近10%。某企业主反映，该公司员工80%以上来自湖北、

---

① 职业流动周期是指劳动者在同一个单位连续工作的平均时间。

河南、四川、重庆等地，节前返乡过年的员工中有近三成未返回公司。

（二）劳动力对工资、待遇等方面要求提高

一是劳动力价格上升。据调查，节后用工薪酬标准一般为月收入普工1500~3000元，月平均工资为2657.8元，最低及平均工资分别较2010年增长了36.4%、22.9%；技工及管理人员月收入3000~10000元，月平均工资为3574.3元，最低及平均工资分别较2010年增长了50%、66.7%。二是员工对其他福利待遇方面的要求增加。47.9%的求职者希望企业为其提供免费住宿，另有34.7%的求职者希望企业为其缴纳养老金、退休金等。劳动力对工资、待遇要求的不断提高具有相当普遍性，同时，发达地区已不具优势。

（三）劳动力群体代际更替，新生代劳动力对工作环境条件表现出新的追求

当前，"85后"、"90后"等新生代劳动力逐渐成为劳动力市场的"主力军"，其总量约占劳动力市场的七成。由于其受教育水平及个人素质提升、所处时代背景差异等方面因素，择业要求日渐提高。除工资要求外，80.7%的"新生代"要求"有双休、最好能带薪休假"、"培训或深造机会"，35.1%的"新生代"希望企业为其提供休闲娱乐机会及场所，30.6%的"新生代"求职者对工作地点、工作环境等方面要求较高，对于工作地较为偏远的企业，即使提供较高的工资也不愿考虑。多元化的求职要求将加剧小企业的招工难度。

执笔：周妙燕

对台州市企业"三角债"状况的调查与思考

中国人民银行杭州中心支行调查统计处

中国人民银行台州市中心支行调查统计科

为准确了解当前经济背景下企业的"三角债"①问题,人民银行台州市中心支行随机选取调查了辖内 145 家企业,其中 31 家企业存在"三角债"问题,占比为 21.4%。"三角债"以民营、私营及小微型企业为主,主要存在于船舶制造、交通物流、机械制造、批发零售餐饮、五金机电、工艺美术等行业,经济下行、需求不足、企业资产负债率高、资金运用不足、信用约束不够、产品结构失衡、投资亏损等是"三角债"形成主因,近四成企业预计两节期间"三角债"规模会有所增长,需予以关注并给与针对性政策措施。

一、企业"三角债"状况及发展趋势

(一)"三角债"规模有所下降,但应收、应付账款明显高于其他企业

数据显示,2012 年 11 月末,31 家样本企业的"三角债"共 1.87 亿元,同

比下降了 35.7%;而应收账款、应付账款分别为 7.1 亿元、4.02 亿元,同比上涨了 35.8%、24.8%。其余没有"三角债"问题的 114 家企业应收账款、应付账款的同比变化仅分别为-1.1%、5.5%。

(二)从企业类型及规模看,"三角债"企业以民营、私营及小微型企业为主

此次调查中"三角债"企业有 31 家,占样本总数的 21.4%。存在"三角债"关系的企业中有 28 家为民营、私营企业,占该类样本企业的 22.8%,22 家为小微型企业,占该类样本企业的 25%,占比均高于全样本数 21.4%的比例。

(三)从行业分布看,"三角债"主要存在于船舶制造、交通物流、机械制造、批发零售餐饮、五金机电、工艺美术等行业

此次随机选取的样本企业仅涉及 1 家船舶制造企业,而该企业存在"三角

---

① 三角债:企业之间超过托收承付期或约定付款期应当付而未付的拖欠货款,是企业之间拖欠货款所形成的连锁债务关系。

债"问题；2家交通物流企业中有1家有"三角债"，占比为50%；17家机械制造企业中有8家、47.1%的企业有"三角债"；批发零售餐饮、五金机电、电子设备、工艺美术、纺织制鞋这些行业的样本企业里存在"三角债"的企业家数占比均在20%以上；而塑料模具、医药化工、户外休闲等样本企业则没有"三角债"问题。

（四）"两节"期间近四成企业"三角债"会增加，预计2013年会有所好转

问卷显示，共有12家、38.7%的企业预计元旦及春节期间"三角债"规模会增加，其中2家大幅增加，10家小幅增加；其余14家认为会减少，5家基本不变。在对2013年"三角债"规模变化的预测上，认为会增加的企业家数降为8家，占比25.8%，其中1家认为大幅增加，7家小幅增加；其余10家预计会减少，13家预计会基本不变。可见，2013年企业的"三角债"问题会有所减轻。

二、"三角债"产生原因及影响

（一）经济下行、需求不足

31家样本企业中，18家、58.1%的企业认为"经济下行、需求不足"是产生"三角债"的最主要原因。"三角债"与经济下行趋势、需求不足密切相关。从原材料到中间产品到产成品销售，正常经济条件下不会出问题的做法在经济下滑期、内外需求不足的环境下都可能造成上下游货款回收困难，进而形成"三角债"。如交通物流、批发零售餐饮、

工艺美术、纺织制鞋等受市场需求影响明显或市场化程度较高的行业，易在此段经济下行期形成"三角债"。

（二）企业资产负债率高、资金不足

8家、25.8%的样本企业认为"资产负债率高、资金不足"导致形成"三角债"。2012年11月末，31家样本企业的资产、负债分别为28.64亿元、27.93亿元，资产负债率高达97.5%，同比上升了13.5个百分点，也比所有145家样本企业的资产负债率（36.4%）高出了61.1个百分点。从可用资金看，31家样本企业仅5家、16.1%的企业认为目前资金充足，远低于其余114家样本企业中资金充足企业31.6%的占比；6家、19.4%的企业认为资金缺乏，高于其余样本企业中资金缺乏企业14%的占比。可见，存在"三角债"问题企业的资金状况明显较差。资产负债率高、资金不足加大了企业及时收付货款的难度，企业通过拖欠货款弥补自有资金的短缺，企业间逐渐发展成"三角债"。

（三）受人情因素牵制、信用约束不够

7家、22.6%的企业认为产生"三角债"的主要原因还有"人情因素牵制、信用约束不够"。台州多为小微经济、民营及私营经济，众多企业为家族式经营模式，企业间存在一定的亲缘关系，而且还存在规模偏小、实力偏弱、财务制度不够健全等问题，企业经营中的货款收付容易受人情因素影响而相互短暂欠款，以满足小微企业的资金流动。在经济下行、经营出现困境而企业间信用约束又不够的情况下，短暂欠款转变成

"三角债"。

（四）产品结构失衡、投资亏损

问卷还显示，产品结构失衡、投资亏损也是"三角债"形成主因（12.9%）。产品销售环节既是企业资金流动的起点又是终点，若企业生产的产品结构失衡，销售受阻，流动资金就会出现障碍。而在企业本身资产负债率已很高、资金不足的情况下，再加上经营投资不佳，更增加了企业的偿债负担。如船舶制造等与投资密切相关的周期性行业，易因此原因陷入"三角债"问题。

样本企业反映，"三角债"给企业带来的负面影响主要有"放缓企业流动资金周转速度，周转期加长"（80.6%）、"影响企业积极良性发展"（35.5%）、"加大银行申贷难度，或难以申请到贷款"（16.1%）、"难以及时偿还银行贷款或货款，影响企业信用"（9.7%）等。调查中，1家企业表示因受"三角债"影响，导致该企业无法及时偿还银行贷款，造成贷款逾期500万元。31家样本企业里有3家预计2013年经营状况会趋坏，而其中就有2家认为是受陷入"三角债"影响。

企业债务问题恶化影响银行信贷资金安全

中国人民银行乌鲁木齐中心支行调查统计处

近期，乌鲁木齐中心支行对新疆141户企业的债务情况进行了摸底调查。调查显示：企业资金回收周期明显拉长，应收账款上升趋势明显，部分企业经营步入困局，融资难度加大，企业资金相互拖欠现象凸显，诱发"三角债"危机风险日益加大，对银行信贷资产质量带来的负面压力值得关注。

一、当前企业债务基本情况

（一）应收应付款项占用资金问题凸显

调查显示，截至2012年末，被调查企业应收账款和应收票据余额分别为179.2亿元和92.41亿元，同比分别增长34.42%和23.51%，三成多被调查企业应收账款同比增速在50%以上；应付账款和应付票据余额分别为544.39亿元和62.57亿元，同比分别增长29.36%和75.53%，近三成被调查企业应付账款同比增速在50%以上。

（二）企业资金周转及支付能力恶化

调查显示，2012年四季度，被调查企业应收账款周转次数为26.06次，同比减慢11.32次；应收账款周转天数为13.82天，同比减慢4.18天；被调查企业货款回笼状况指数为63.84%，同比降低8.35个百分点；企业资金周转状况指数和支付能力指数分别为56.74%和62.41%，同比分别下降6.94个和3.99个百分点。其中资金周转困难的企业占比为20.57%，同比增加6.28个百分点；货款回笼困难的企业占比为12.77%，同比增加9.01个百分点；支付能力较差的企业为12.77%，同比增加4.5个百分点。

（三）企业预付账款大幅下滑

截至2012年末，被调查企业预付账款余额为196.32亿元，同比减少11.42%，增速较年初下降41.54个百分点。其中，52.48%的被调查企业预付账款同比下降，17.02%的被调查企业几乎无预付账款。

（四）存货周转周期延长

部分企业为规避原料涨价给企业带来的不利因素，大量购进原材料存货，14.18%的被调查企业原材料占存货的比重超过80%以上。同时，企业销售受阻，促使企业无法使库存快速周转。截至2012年末，被调查企业存货周转率为6.89次，较上年同期下降近1次，下降近14个百分点。如××制品有限公司受到番茄行业商品需求及价格波动的影响，存货未及时销售，损失852.9万美元，因拖欠农户资金和银行贷款被冻结账户。

二、原因分析

（一）企业销售情况及盈利能力下滑

截至2012年末，被调查企业市场需求和销售状况指数分别为50.71%和53.9%，同比分别下降7.56个和6.63个百分点，下降至近三年来最低水平。被调查的22个行业中，有7个行业处于亏损状态，有15个行业利润同比下滑。其中，亏损企业47户，占比33.33%，亏损面较上年同期扩大近3个百分点。全行业整体盈利情况同比下滑18.04%，增速较上年同期下降29.49个百分点。

（二）企业资金来源渠道较窄

被调查企业54.58%的资金来源于权益资金；约有18.46%的资金是通过信用融资；有14.67%的资金来源银行等金融机构；仅有一成资金是通过股票市场、债券市场、民间融资等方式取得。其中，有31.91%的被调查企业除了自有资金外，只能通过信用融资来满足自身周转需要，无银行贷款或其他融资。

（三）关联企业间债务传导问题日益凸显，企业坏账风险增加

为提高资金使用效率，部分关联企业采用了企业间短期资金借贷及联保贷款来缓解资金周转压力。但受企业整体经营状况下滑影响，部分企业受关联企业资金链断裂拖累，使自身企业陷入了经营困境。例如，克拉玛依市××有限责任公司作为生产经营状况良好的地方重点企业，但受母公司经营不善、资金链断裂破产的影响，难逃清算波及，于2012年10月25日终结破产程序；新疆××有限公司因母公司占用其流动资金，也陷入了资金链断裂危机；乌苏市××有限公司受债务企业新疆××有限公司破产的影响，××有限公司应收新疆××有限公司货款3409.83万元转为坏账损失。

（四）产业链下游企业困难逐渐向上游企业传导

由于当前消费市场不景气，消费品行业销售出现困难，资金回笼速度明显减缓，并通过原材料采购方式向上游企业传导，导致上游企业陆续出现资金困难。如由于服装加工企业的不景气直接冲击到上游纺织企业，被调查的14户纺织企业中，有七成以上企业处于亏损状态，利润同比减少176.33%，应收票据同比增长42.01%，该行业货款回笼指数为46.43%，较上年同期下降9.82个百分点。

三、企业债务问题恶化使信贷资金安全受到影响

（一）两头在外企业的信贷资金安全风险加大

受信息不对称影响，疆内金融机构无法对两头在外型企业贷款风险进行有

效监管。疆内子公司贷款往往由疆外母公司的资产或实际控制人进行担保，疆内金融机构只能通过企业提供的报表进行贷后检查，深入企业实地检查频率低，造成所掌握的担保人的情况与实际情况不符。如受控股股东山东××股份有限公司发生重大风险事项及主营产品市场价格持续下跌的影响，其控股55%的新疆××有限公司和参股45%的××股份有限公司两家企业资金链断裂，被迫停产。截至2012年末，新疆××有限公司处于资产重组等待中，在疆内4家银行的贷款6亿元已形成不良。

（二）企业销售不畅致使银行贷款无法按期收回

部分企业受国际经济走弱、消费需求下降、交易价格持续低迷、库存出现积压、资金周转困难等多重因素影响，出现巨额亏损。如新疆××股份有限公司因生产的番茄酱销售情况欠佳，截至2012年9月末，该公司亏损额累计达3.65亿元，致使××银行向其投放的1.99亿元贷款不能收回，成为不良贷款。

（三）债权企业无法收回应收账款导致资金链断裂影响银行信贷资金安全

如新疆××有限公司因资金链断裂引发债务危机，使得××银行投入该公司的5.4亿元贷款转为不良。

四、政策建议

（一）建立企业财务预警系统，提前做好风险防范工作

加强对部分行业监管力度，正确引导企业健康发展。加大对关联企业的控制力度。

（二）依法处置企业故意逃债行为

充分利用人民银行的企业和个人征信系统，建立企业和个人信用评估机制，绑定部分私营企业法人与个人征信记录，避免恶性逃债行为，依法处置恶意逃债案件。

执笔：梁非坤

企业"三角债"快速增长现状及原因分析

中国人民银行徐州市中心支行

2012 年下半年以来，随着经济增速放缓，中小企业生存压力较大，企业资金紧张的问题没有得到明显缓解，企业间存在的"三角债"问题日益明显。

一、基本情况

为更好地了解当地企业"三角债"现状，徐州市中心支行选取徐州市 50 家样本企业发放调查问卷，发放对象包括大中小企业，涉及光伏、钢铁、房地产、商贸流通、服务业、批发零售业、船舶、电缆、机械制造、电子、医药等多个行业，企业类型包括国有、私营、外资等多种类型。

（一）企业"三角债"快速增长，突出表现为应付未付与应收未收款项大量增加，以及付款账期拉长

调查显示，2012 年 11 月末，50 户样本企业应收账款余额为 216.67 亿元，比上年同期增长 225.65%；50 户样本企业应付账款余额为 120.47 亿元，比上年同期增长 235.79%。

（二）"三角债"现象在不同行业严重程度不一，钢铁、光伏、工程机械等产能过剩行业较为严重

以徐州市某光伏企业为例，该企业 2012 年 1~11 月利润总额同比下降 94.07%，应收票据同比增长 625.81%。随着光伏企业在 2011 年下半年以来逐步步入寒冬，企业资金日益紧张。为缓解资金紧张状况，企业通过多种方式筹措资金。该企业 11 月短期借款余额为 24.74 亿元，同比增加 3.74 亿元；长期借款余额为 31.17 亿元，同比增加 16.17 亿元。但是，由于银行贷款成本较高，利息支出在企业费用支出中的比重大幅攀升，因此企业多通过采取延期支付货款的方式减少银行贷款，进而降低财务费用。2012 年 11 月末，该企业应付账款余额为 4.93 亿元，比上年同期增长 53.78%。

此外，工程机械行业由于生产周期

长，"三角债"现象也表现较为明显。在被调查的2家工程机械企业中，2012年11月末应收账款余额为75.56亿元，比上年同期增长71%；应付账款余额为32.08亿元，比上年同期增长57%。近期，随着工程机械行业回款缓慢，资金周转紧张，"三角债"问题表现更为严重。

（三）中小型企业和私营企业受"三角债"影响大于其他类型企业

调查显示，2012年11月末，小型企业应收账款余额为51.92亿元，比上年同期增长380.30%，增速比大型企业高出285个百分点。中型企业应收账款余额为96.12亿元，比上年同期增长367.06%，增速比大型企业高出271.76个百分点。若按照企业性质划分，私营企业2012年11月末应收账款余额为126.89亿元，比上年同期增长599.12%，增速分别比国有企业和外资企业高出493.87个和551.36个百分点。

二、"三角债"产生的原因分析

（一）部分产业结构不合理，社会存在落后产能

由于经济结构有待优化，社会上必然有一些落后的企业生产的产品质次价高、库存积压严重、资金周转不灵，只能依靠举债来解决由于库存积压损失造成的资金短缺。这主要表现在销售环节上由于产品不适销对路，库存积压只要有机会就发货，然后想办法寻找机会收回货款，宁愿被人拖欠。在供应环节上，由于资金缺乏、支付能力差，依靠"欠人"购进材料维持经营，落后的企业占用了社会资金良性循环的机会，这些企业的存在也是形成"三角债"的主要根源之一。

（二）对企业信用评级制度不健全

经营净现金流量和利息保障倍数是衡量企业偿债能力和流动性的重要指标，应付账款是经营净现金流量的增加项，经营净现金流量与利息保障倍数成正相关关系。所以企业欠账不还对企业财务指标不但无影响，而且在一定范围内是欠得越多越好，条件是资产负债率不宜太高，这在一定程度上会纵容应付账款的增长。

（三）企业扩大经营范围，涉足多个行业，增加收购，导致资金需求量大增，欠款增多

徐州市某大型食品加工企业近两年持续扩大经营范围，通过收购涉足房地产、煤矿、酒业等行业，企业投资支出大幅增加，资金需求量较大，仅仅通过银行借款、中期票据等筹措资金难以满足资金需求，因此其应付账款大幅增长。

（四）三角债的形成还受到经济体制、经济环境等外在条件的影响

由于经济信用制度缺乏完善的法律保障，债权人合法利益得不到保障，形成了欠债越多越占便宜的"欠债文化"。金融市场不健全，银行部门没有严格履行对企业信用状况的监督，没有有效地防止企业间债务恶性膨胀。

执笔：李　媛

平台贷款规模略有放大，风险整体可控

中国人民银行大连市中心支行统计研究处

与 2011 年相比，2012 年大连市政府融资平台贷款（以下简称平台贷款）规模略有放大，除土地储备类贷款有所增加外，其余类型平台贷款规模进一步缩减，平台贷款风险整体可控。

一、大连市平台贷款的基本情况

截至 2012 年末，大连市共有 19 家银行业金融机构向 37 家本地融资平台[①]和 13 家异地融资平台发放贷款，贷款余额为 1047.84 亿元，全年新增 20.30 亿元，同比增长 1.98%；平台贷款余额占全金融机构人民币各项贷款余额的 12.89%，同比下降 1.45 个百分点。2012 年全年共有 235.19 亿元平台贷款按期偿还，新发放平台贷款 255.49 亿元。

从平台隶属级别看，省级平台贷款余额为 37.33 亿元，比年初减少 3.83 亿元，同比下降 9.3%；市级平台贷款余额为 548.76 亿元，比年初增加 50.34 亿元，同比增长 10.10%；县级平台贷款余额为 461.75 亿元，比年初下降 26.22 亿元，同

比下降 5.37%。

二、2012 年大连市平台贷款的主要特点

（一）平台贷款全年窄幅波动，呈现小幅反弹迹象

大连市平台贷款规模经过 2011 年一整年的强力收缩后，2012 年全年呈现低水平窄幅波动态势，全年维持在 2011 年末水平上下。分季度看，平台贷款余额分别较年初减少 1.00 亿元、13.66 亿元、增加 25.41 亿元和 20.30 亿元，反弹迹象微现。

（二）土地储备类贷款增长迅速，达到 2011 年以来的最高值

自 2012 年二季度以来，大连市土地储备类贷款逐渐攀升，呈现出与其他类型平台公司贷款缩量整理截然相反的走势。截至 2012 年末，大连市各级土地储

---

① 37 家本地平台中包括 5 家已经退出平台管理，但仍在人民银行政府融资平台名录的平台公司。

备中心类公司贷款余额为 268.72 亿元，是 2011 年以来的最高值。

（三）抵质押贷款比例不断攀升，平台公司整改基本完成

为规范平台贷款管理，2012 年大连市共有 37 家平台公司已经按照要求完成整改，平台公司追加合法足值有效的抵质押品工作也在不断推进，平台抵质押贷款比例不断攀升。

截至 2012 年末，大连市平台抵质押贷款余额为 962.90 亿元，全年新增 89.95 亿元，同比增长 10.30%，其中土地抵押贷款余额为 441.64 亿元，占全部平台贷款余额的 42.15%，全年新增 93.76 亿元，同比增长 26.95%；应收账款质押贷款余额为 477.02 亿元，占全部平台贷款余额的 45.52%，全年减少 10.97 亿元，同比下降 2.25%。

（四）平台贷款质量较高，风险整体可控

目前由于银行对平台贷款采取审慎的态度，多数银行已上收了县级政府融资平台授信权限，实行审贷分离。同时对融资平台严格按照"支持类、维持类、压缩类"进行信贷分类，没有落实抵押或者空转的多为压缩类，平台贷款的风险得到了较好的监测和控制。截至 2012 年末，大连市正常类平台贷款余额为 957.27 亿元，全年新增 3.86 亿元，同比增长 0.41%，关注类平台贷款余额为 90.56 亿元，全年新增 16.43 亿元，同比增长 22.17%，无次级、可疑、损失类贷款。

（五）平台贷款主要集中在国家开发银行和国有商业银行

截至 2012 年末，国家开发银行平台贷款余额为 510.77 亿元，占全辖平台贷款余额的 48.75%，占其人民币各项贷款余额的 55.48%；中资四家大型商业银行①平台贷款余额为 267.55 万元，占全辖平台贷款余额的 25.53%，占其人民币各项贷款余额的 9.09%。以上五家机构平台贷款余额为 778.32 亿元，占全辖平台贷款余额的 74.28%。

三、需要关注的问题

（一）地方投资保持较高增速，应严防平台贷款风险

2013 年大连市将进一步抓好重点项目建设，固定资产投资预期目标增长 20%，达到 6800 亿元左右，重大项目计划投资 4000 亿元。在此背景下，大连市政府明确提出要"着力破解重大项目用地、融资难题"。尽管平台贷款整改已取得阶段性成果，但如何在满足地方建设融资需求和防控平台贷款风险间保持平衡将成为摆在地方政府、监管机构和银行机构面前的一道难题。

（二）防范压缩类平台贷款为规避监管而转型为土地储备贷款

由于监管层明确提出②新增平台贷款的投向只能是土地储备等五个方面，土

---

① 中资四家大型商业银行指工商银行、农业银行、中国银行、建设银行。

② 出自《中国银监会关于加强 2012 年地方政府融资平台贷款风险监管的指导意见》（银监发 [2012] 12 号）。

地储备贷款跳出"限贷"范围，导致土地储备贷款余额在2012年大幅上升，平台贷款主体显现出由平台公司转变为事业单位性质的土地储备中心迹象，放大了压缩类项目为套取贷款规模而转型为土地储备贷款的驱动性。虽然土地储备融资资金要按照专款专用、封闭管理的原则严格监管，但此类贷款的还款来源与前期平台公司贷款相比没有本质区别，依旧是土地出让收入，平台贷款存在的风险点并没有随着贷款主体的变化而消失。

（三）地方财政收入下滑，平台贷款按期足额偿还难度上升

2012年，受国家房地产政策调控影响，各地土地市场流拍、底价成交现象频现，大连市也面临同样的情况，地方财政收入受到极大影响。2012年大连市国有土地使用权出让金411.3亿元，下降58.96%。由于近九成的平台贷款偿还依赖于土地出让收入，土地市场的繁荣与否是平台贷款质量好坏的决定性因素。

以当前贷款存量测算，2013年大连市平台贷款共计需还本息289.89亿元，2014年需还361.89亿元，2015年需还132.88亿元，而2013年全市政府性基金收入安排643.76亿元。如何应对平台贷款本息的按时偿还和在建项目后续资金投入的双重压力，克服土地市场不景气的不利影响是地方政府亟待统筹解决的问题。

（四）在建、续建项目贷款偿付存在风险隐忧

自2008年四季度开始，在4万亿元投资的背景下，各地政府竞相扩大投资，大型基建项目接连上马，平台贷款规模激增。由于部分项目前期采用"短贷长用"的方式向银行取得贷款，在政策明令不满足五个前提条件和投向的平台贷款不得展期和以各种方式借新还旧后，此类在建、续建项目尚未产生现金流的情况下，贷款按期偿付和后续资金投入存在较大的风险隐忧。

执笔：朱晓云

当前河南省金融支持春耕备耕的调查分析

中国人民银行郑州中心支行调查统计处

河南省素有"天下粮仓"之称，生产了全国1/4的小麦和1/10的粮食，在全国粮食生产中处于举足轻重的地位。一年之计在于春，春耕备耕是粮食丰产的前提和根本保证。近日，郑州中心支行组织全省各市对春耕备耕情况进行了实地调查和座谈分析。

一、河南省春耕备耕资金需求及其金融支持情况

（一）农资价格上涨推动春耕备耕资金需求增加

调查显示，河南省春耕备耕资金需求较大，但资金供给增幅有限，全省17个市均存在不同程度的资金缺口，开封、洛阳、驻马店、三门峡市的资金需求满足率超过八成，商丘、济源市的资金需求满足率只有五成左右。春耕备耕资金需求大幅增加的主要原因一是农资价格普遍大幅上涨，大部分地区的农资价格涨幅在5%以上，其中，驻马店（10%）、开封（9%）、许昌（9%）、安阳（8%）的农资价格涨幅较高，0#柴油、玉米种子、农用地膜、国产尿素同比分别上涨8%、6.7%、3.4%和1.8%。国家统计局河南省调查总队的数据显示，自2012年8月以来，农业生产资料价格指数持续上涨，2013年2月同比上涨4.1%，比前期低点高2个百分点。二是农村土地流转加快，种田大户、农村经营专业合作社、农资经营商春耕备耕资金需求大额化特征明显。如鹤壁市种粮大户张先生反映，农药、化肥、种子及农地承包等费用大幅上涨，2013年每亩地成本费用需1000~1200元，承包200亩土地春耕需要资金20多万元，再加上购买播种机、收割机等机具，需资金50万~60万元。信阳市初步测算显示，春耕生产资金总需求同比增长12%左右。

图1　河南省涉农贷款余额和生产资料价格指数

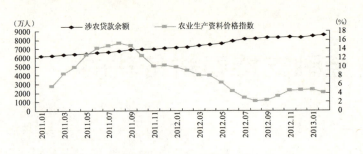

数据来源：河南省金融统计月报、国家统计局河南省调查总队。

（二）农村专业合作社和农业生产大户的春耕备耕资金需求较大，农户春耕备耕资金需求较少

随着土地流转的加速和农业合作组织的发展，农资经销商、农村专业合作社、农业生产大户资金需求量大、占比高；个体农户所需资金基本能够自足。调查显示，洛阳（51.6%）、鹤壁（41.3%）、焦作（33.8%）、新乡（22.4%）市的农村专业合作社春耕备耕资金需求占比超过两成；漯河（40%）、新乡（27.7%）、濮阳（26%）、平顶山（25.8%）市的农资经销商春耕备耕资金需求较高；漯河（30%）、平顶山（25.3%）、焦作市（22.8%）、洛阳（21%）市的农业生产大户春耕备耕资金需求占比超过两成。据对鹤壁市10户农资流通企业（商户）的调查显示，浚县光大农机公司储备各种农业机具资金缺口达

500万元；农资商户张先生储备春耕物资周转金需80万元，由于资金紧张减少了尿素等农资储备量。另据对开封、鹤壁、驻马店等市的农户调查显示，自有田地春耕生产投资额不大，多数具备自给自足能力，基本不需要借贷资金。河南省涉农贷款数据显示，近年来涉农贷款中农户贷款余额和占比持续下降，而其他涉农组织贷款余额和占比持续增加。截至2013年2月末，农户贷款、其他涉农组织贷款余额分别为2082.2亿元和6466.4亿元，占比分别为24.4%和75.6%。

（三）春耕备耕资金供给渠道多元化，农村信用社仍是主要来源

春耕备耕资金供给渠道形成了以农村信用社为主体，商业银行、民间融资及政策性银行为辅的资金供给多元化体系。调查显示，大部分市农村信用社春

图2　河南省涉农贷款中农户和其他组织贷款占比

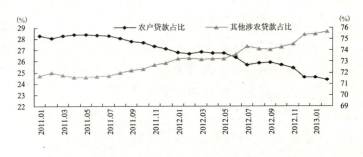

数据来源：河南省金融统计月报。

耕备耕贷款占比超过三成，其中，许昌（57.1%）、商丘（53.7%）、三门峡（50.8%）市的农村信用社春耕备耕资金供给占比超过50%；2013年2月末，全省农信社涉农贷款余额为2801.8亿元，占涉农贷款余额的32.8%。多数市农户自有资金用于春耕备耕的占比超过两成，其中，周口（51.3%）、鹤壁（55.3%）、新乡（42.1%）市的占比超过四成。地方性商业银行也有力地支持了春耕备耕，三门峡（43.7%）、新乡（21.3%）、漯河（20.9%）市的占比较高。部分地区的民间融资在春耕备耕中也发挥了积极作用，商丘（34.3%）、鹤壁（27.1%）、周口（22.5%）市的民间融资占比超过两成。地方政策性银行主要投资于长期农业基础设施，对短期春耕备耕资金需求也有一定的金融支持，如商丘（8.6%）、三门峡（5.5%）、焦作（4.9%）、濮阳（3.4%）市等。

（四）金融机构采取多种措施简化贷款审批流程，春耕备耕需求融资便利性大幅提高

调查显示，辖内金融机构努力增加人力投入、经营网点和ATM等基础设施，简化涉农贷款发放手续，改善金融服务，科学制订信贷投放计划，通过各种方法大力支持春耕备耕。濮阳县金融机构共组织春耕生产贷款调查430余人次，调查农户4560个；洛阳农村信用社对一定金额范围内的信用农户提供无担保贷款；潢川县农联社积极与政府部门协作，对366个十星级文明户授信2万~5万元，将5万元以下单笔的受理发放时

间由3天缩减至1天；新乡市各涉农银行业机构制定管理办法，对春耕备耕各项业务优先办理，对春耕贷款发放、资金结算、现金供应等实行"限时办结制"，对涉农企业和种植大户实行"客户经理负责制"；扶沟县农村信用社和农业银行贷款审批时间由原来的7天缩短为3天；商水县农村信用社积极开办支农贷款服务专柜，简化贷款手续，放开贷款限制，为春耕备播提供充足的资金支持；周口农联社推出青年创业贷款、巾帼致富贷款和"联保贷款"，3户以上的农户联保就可以到联社办理2万~5万元的短期小额信用贷款；西平县农村信用社要求对5万元以下的符合条件的春耕生产单笔小额农贷在1天内完成，10万元以上30万元以下的贷款时间最长不超过3天；新蔡县农村信用社的"金燕快贷通"信贷产品最高授信额度达30万元，一次授信后可随贷随还。

（五）春耕备耕贷款利率定价灵活多样，融资成本有所降低

信阳市农村信用社加强农户信用等级评定，按照信用等级授信，摒弃了过去"一浮到顶"和就高不就低的利率定价机制，将农户小额贷款利率上浮幅度控制在合理水平；汤阴县农信社、邮储银行要求春耕备耕贷款利率上浮比例不超过30%；偃师市农村信用联社信用农户入股金额在贷款金额（指在信用社的贷款总余额，下同）的5%以下的按同档次贷款利率下浮5%执行，入股金额在贷款金额5%（含）以上的按同档次贷款利率下浮10%执行，入股金额在贷款金额

的 10%（含）以上的，按同档次贷款利率下浮 15% 执行；新安县农村信用联社对农户发放的春耕生产贷款比发放的其他贷款利率优惠 10%；汝阳县邮储银行将烟农贷款利率由原来的 12.75‰ 下调至 9.6‰。

二、金融支持春耕备耕中存在的问题

（一）预期收入减少降低了农业生产积极性，部分金融机构产生惜贷情绪

2013 年农资价格涨幅较大，但农产品价格预期不乐观，降低了部分农民的生产积极性。据对偃师市 60 户农民的调查显示，32% 的农民对种植什么农作物感到"很茫然"；新安县北冶乡裴玲村 50 户农户的调查显示，半数农户表示会减少春耕备耕资金投入，60% 的农户表示农资价格上涨影响到了春耕备耕。对开封、洛阳、鹤壁等市的调查显示，自然灾害或年久失修导致部分农村水利基础设施功能减退，农业生产的弱质性加大了粮食生产风险，如偃师市境内水库和水渠均为十几年前修建，90% 的机井为 10 年前修建，近九成的农民认为所在地水利设施严重老化；伊东渠闸门工程完好率只有 30%，干渠完好率只有 50%。农业生产收入预期减少和生产风险加大降低了农民的还贷能力，部分金融机构产生惜贷情绪。

（二）抵押担保难，部分地区春耕备耕融资需求难以满足

伴随土地流转的加速和农业规模化经营的发展，一些种粮大户、农资经销商、农村专业合作组织大额资金需求增加，小额信贷难以满足。目前，多数金融机构涉农贷款采取抵押担保的形式，农户只有居住的住宅房屋，不能提供有效的资产抵押，无法获得足额的信贷资金。对商丘、开封、鹤壁等市的调查显示，抵押担保条件限制是造成贷款难的主要原因之一。如商丘市农信社某基层网点存款余额达 8800 多万元，贷款余额却仅有 1000 多万元，网点放款压力很大，但放款条件要求较高，如对农资经营户采取 5 户联保授予 50 万元的贷款；对农户采取联保或找保证人的贷款（由 3~5 户有经营项目的农民组成联保小组或 1~2 个公务员或事业单位工作人员担保）往往由于没有匹配的抵押物或难以找到合适的联保人、担保人而无法放款。

（三）金融产品创新不足，信贷规模和期限与春耕备耕金融需求不匹配

对平顶山、安阳、鹤壁、商丘等市的调查显示，现代订单农业、绿色蔬菜跨境调运和出口结算、农超对接、大型农业生产基地对信贷品种、贷款期限、抵押方式、结算方式有更高的要求，现有的农村金融产品和服务方式不能完全满足春耕备耕金融需求。一是小额农贷无法满足农户较大规模经营的资金需求，申请其他种类的贷款手续多且审批严格，造成涉农金融机构"想贷而不能贷"、农户"想借又借不到"的两难局面。二是贷款期限与春耕融资需求不匹配。涉农贷款多数是一年以内的短期贷款，而承包果园、建蔬菜大棚、经济果业林业开发等特色农业生产周期长，短期信贷投

入难以发挥作用。汝州市有千亩以上经济林、用材林33个，林药、林草间作2万亩，以及温泉亿林生态园、尚庄金沟花卉苗基地、杨楼千亩红枣基地、临汝镇秀美山庄等12个林果基地和生态园区，其他投资项目相适应的信贷需求期限大多在2年以上。

（四）贷款高利率和金融服务低水平造成春耕备耕融资难

调查显示，汝州农村信用社对信用农户贷款利率执行基准利率的1.7倍，对非信用社社员贷款利率执行基准利率的2.3倍，半年期利率最高执行到9.5%，一年期最高执行到13.8%。商丘市调查显示，农户贷款利率普遍在基准利率上上浮50%~80%，农户贷款利率高达每月1.1分，农资经营户5户联保贷款利率每月8.2厘，并要求按月还本付息。对典型农业经营组织的调查显示，春耕备耕融资成本较高，且审批条件比较严格，如浚县某小麦专业合作社在金融机构贷款1790万元，利率为同档次基准利率的2.1倍（12.6%），且要求优质企业担保。目前，农村信用社乡镇网点发放农户贷款需要农户提供夫妻双方身份证、户口本、个人信用报告、夫妻共同还款声明及村委会意见等手续，从办理贷款、准备材料到放款完成最快需要15天以上，并且只对信用户发放信用贷款，其他农户发放农户联保贷款，贷款额度在2万元以

下。另外，农村金融服务网点分布不均，金融机构存在"嫌贫爱富"的心理，导致偏远地区的农户无法享受到金融服务。卢氏县调查显示，该县约178个偏远行政村距离乡镇所在地较远，距离有金融网点的乡镇所在地平均达20公里左右，个别行政村甚至距离乡镇所在地达40公里以上，农户因嫌麻烦或者无时间到金融网点办理存取款或者汇兑业务，金融服务无法满足当地农民需求。

（五）农村信用环境差、涉农贷款不良率高造成金融机构放贷受限

农村信用环境较差，个别农户存在侥幸心理，没有及时偿还贷款，需要信贷人员经常上门催收，加大了金融机构经营成本，为贷款回收造成较大压力。目前，多数金融机构普遍实行"包放、包收、包管、包赔"的"四包"责任制，一笔贷款一经发放终身负责，使信贷人员陷入无限压力、无限责任、毫无动力的"三无"困境，支农贷款责任人"怕贷"、"不能贷"。如宁陵农村信用社由于不良贷款率远远超过3%，目前已停止放款，大大影响了春耕备耕时期贷款发放工作。2012年底，三门峡农业银行惠农卡小额农贷余额为35906万元，涉及欠息本金824万元，占比为2.3%。

执笔：赵庆光 李金良

粮食产区玉米销售进度缓慢
影响备春耕

中国人民银行哈尔滨中心支行调查统计处

调查显示：玉米预期销售价格上涨，农民前期销售意愿不强；利润微薄风险大，中间商收粮意愿不高；下游产业对玉米需求持续低迷等因素导致了玉米销售缓慢，并存在诸多隐患，应引起关注。

一、玉米销售同比缓慢

2012 年秋黑龙江玉米又获得了大丰收，农民期待着增产增收，然而当前农民售粮形势却并不乐观。据快速调查显示，2012 年黑龙江省主要粮食产区玉米种植 8886 万亩，占总播种面积的 53%，比上年增加 1145 万亩；玉米产量达 4977 万吨，占粮食总产的 65.3%。按近 3 年玉米商品率 75% 计算，2012 年玉米商品量为 3732 万吨。但截至 2013 年 3 月上旬，全省玉米销售量仅占当年玉米商品量的 62.3%，比上年同期低 30.5 个百分点。

二、玉米销售缓慢原因

当前玉米销售进度缓慢主要是 2012 年黑龙江省玉米品质差，据"玉米网"数据显示，是年同期玉米含水量在 25% 左右，而 2013 年玉米含水多在 30%~40%，更有个别地区含水量高达 45%。而供给、需求、购销方面等诸多不利因素共同作用，导致黑龙江省玉米在种植面积和产量齐上涨的情况下，销售速度明显低于上年。

（一）供给方面：预期销售价格上涨，农民前期销售意愿不强

1. 预期销售价格较高，农民节前惜售心理强烈。2011 年秋玉米开秤后的"低开高走"增强了农民对 2012 年玉米销售价格上涨的预期。而春节前玉米地头收购价湿粮为 0.80~0.83 元/斤，干粮为 1.01~1.06 元/斤，与 2012 年最高收购价格 1.2 元/斤相差较大，远低于农民预期，

加之受种粮成本上升、其他商品价格上涨影响，农民期待价格触底反弹，惜售心理较重。

2. 农民自有资金增加，资金需求的紧迫度下降。随着近年来国家对农村优惠政策力度的不断加大，农民收入不断增加，大部分农户手里有了余钱。同时，随着金融机构的涉农产品不断创新，涉农贷款的期限弹性增加，农民可以有更多的时间观望价格。甚至部分有玉米储存能力且春耕能力相对充裕的农民目前并不急于出售手中的余粮，待到七八月份玉米传统价格高位时出售。

（二）需求方面：下游产业效益降低，需求持续低迷

1. 替代产品大规模使用，饲料加工企业玉米需求减少。2012 年，国内猪粮比价长时间徘徊于盈亏平衡点之下，使养殖企业补栏积极性受到极大的影响，养殖业的低迷行情使得饲料加工行业遇困，进而对玉米的需求量不断降低。而且近年来小麦替代玉米作饲料已经成为常态，部分饲料企业开始大规模使用小麦替代玉米，也导致玉米需求有所下降。

2. 下游市场需求转淡，玉米深加工行业采购萎缩。春节后，部分玉米深加工企业行情低迷，淀粉、味精等产品利润空间小，社会多元收购主体至今没有太大的动作。而连续几年玉米大丰收，许多企业都有一定的库存玉米，当前依旧以消化库存为主，在下游制成品市场需求清淡的背景下，上游加工企业难以在短期内继续提高生产率。

（三）购销方面：利润微薄风险大，贸易商收粮意愿不高

1. 玉米含水量高，增加储存成本。玉米水分偏高，增加了烘干成本。据某收粮企业反应，往年 500 斤玉米烘干后能得 430 斤干粮，2012 年只能得 400 斤。有些较老的烘干设备，需要烘干两次才能将玉米含水达到安全水分的范围。燃料成本增加，以及高水分玉米烘干后易发生变色，市场认可度较低，使得大型玉米收购企业采购谨慎。

2. 部分企业收购资金不足，影响贸易商收购规模。以大庆市肇源县源乡贸易有限公司为例，旺季时每天资金流约是 250 万~300 万元，每年需要 5000 万元流动资金，而该公司共获得银行贷款 1300 万元，不到实际资金需求量的 1/4，导致公司收购资金严重不足，影响粮食收购量。

3. 华北地区玉米丰收，南方贸易商北上减少。东北玉米一直是华东和华南地区饲料企业的主要原料，每年产量的 60% 都会运到南方销售。而自 2012 年四季度开始，华北玉米大量进入南方销区，并挤占了东北玉米市场份额，特别是 2013 年铁路运费大幅提价、汽柴油再次涨价后，东北玉米入关成本更进一步提升。同样品质的玉米，华北价格要比东北玉米低，而运到南方东北玉米价格甚至高于南方销售价。因此，南方贸易商北上的数量大幅减少。

三、几点建议

(一) 审时度势，提高粮食最低收购价格及收购量

一是近年来我国农资价格、人工费用都大幅增长，种植成本逐年加大。2012年春季的旱灾、秋季的虫灾和台风，进一步抬高了粮食的单位成本，国家应该根据实际情况适当提高粮食最低收购价，真正实现农民增产增收。二是建议国家兼顾玉米产销量情况，适当增加玉米主产区玉米国家临时收购量，增加省库玉米收购量。

(二) 多方支持玉米收购加工企业，增加产区自身消化能力

一是政府方面应借鉴非转基因大豆收购补贴政策，对玉米加工企业按其收购量予以差别补贴，鼓励有能力、有市场的加工企业收储玉米。二是金融体系应对玉米加工、收购企业给予支持，积极为符合贷款的企业提供信贷支持，创新符合粮食收购、加工企业的贷款品种，帮助企业做大做强。

(三) 加强组织宣传力度，引导农民客观理性销售

一是各级政府要加强组织领导，多渠道及时向农户传递当前玉米市场行情及预期价格趋势，改变农民靠经验判断粮价的习惯，减少由于误判带来的损失。二是加强粮食流通市场管理，规范粮食市场秩序，切实维护农民利益。

(四) 科学规划，积极延长玉米产业链

一是大力发展以玉米为饲料的养殖业，通过"过腹增值"的方式来就地消化玉米。二是鼓励、引导玉米深加工企业的建设和发展，增加对国有粮食收购企业投入，加快提升其粮食收储、烘干、加工、发运等设施条件，以更好地适应粮食生产稳定发展的需要。

执笔：王玉凯 孙 杨

当前春耕生产中的"三个新特点"

中国人民银行随州市中心支行调查统计科

近期，随州市中心支行组织专门力量，进行春耕生产专题调查。调查中发现与往年不同：呈现"三个新特点"、引发"三个关注"、急需"三个跟进"。

"三个新特点"：一是农村劳动力的转移，导致农业种植模式的转变。由于大量农村人口向大中城市转移，传统种植农户日益减少，家庭农场和规模种植户增加。二是土地流转工作的有序推进，使得农村抛荒闲置利用率得到提升。三是农民专业合作组织发展壮大与"融资难"矛盾凸显。当前农民专业合作社步入了迅速发展的新阶段，一批具有地方农业特色的农业合作社不断发展壮大，设备投入及生产扩张所带来的资金需求明显增加。

"三个关注"：一是水源困难影响春耕生产。连续三年干旱，随州全市水库堰塘有效蓄水量不断减少，影响了水稻育秧准备工作。二是劳动力不足影响春耕生产。节后农村年轻劳动力大多外出打工，农村剩余劳动力年龄偏大、年老体弱，春耕生产劳力不足。三是规模种养大户资金需求得不到满足。主要原因是规模种养大户资金需求大，自有抵押资产不足，难以达到银行信贷条件。

"三个跟进"：一是涉农金融部门要进一步创新信贷品种；二是政府部门要进一步加大信用创建力度，引进评估公司和担保公司，加大财政对"三农"支持；三是因地制宜，有效解决种养大户、农民专业合作社的合理资金需求。

执笔：刘家宇　陈　硕

农资价格上涨对春耕备耕的影响较大，应予关注

中国人民银行安阳市中心支行调查统计科

一、农资价格上涨基本情况

（一）化肥价格稳步上涨

据调查，截至 2013 年 2 月下旬，安阳市辖区销售的几种化肥价格均呈持续稳步增长态势。其中，国内尿素 2013 年 2 月下旬零售均价达 2.35 元/公斤，比上年同期增加 0.25 元/公斤，增长 11.9%；碳酸二铵（国产）2013 年 2 月零售均价为 3.58 元/公斤，比上年同期增加 0.35 元/公斤，增长 10.8%；史丹利复合肥（国产）2013 年 2 月零售均价为 2.39 元/公斤，比上年同期增加 0.25 元/公斤，增长 11.68%。尿素（国产）2013 年 2 月均价为 2.67 元/公斤，比上年同期增加 0.26 元，增长 10.79%。

（二）农药价格快速上涨

2013 年 2 月，农药"麦瘟净"的零售均价为 8 元/瓶，比上年同期增加 1 元/瓶，增长 14.29%；"百草枯"的零售均价为 24 元/瓶，比上年同期增加 2 元/瓶，增长 9.1%；"氧化乐果"的零售均价为 8 元/瓶，比上年同期增加 1 元/瓶，增长 14.29%；"敌敌畏"的零售均价为 8 元/瓶，比上年同期增加 0.5 元/瓶，增长 6.67%。

（三）农用柴油上涨但影响有限

农用柴油（0 号）价格每公斤由 2012 年 2 月的 7.71 元升至 2013 年 2 月的 8.83 元，比上年同期增加同比大幅上升 14.53%，由于安阳辖区大部分农田是冬小麦，农用柴油的上涨对春耕备耕的直接影响有限。

（四）其他农资价格稳中有升

农膜价格呈现稳中有升的走势，其中，"高压聚乙烯棚膜"2013 年 2 月的零售均价为 20.3 元/公斤，比上年同期增加 1.1 元/公斤，增长 5.72%；"高压聚乙烯薄膜"2013 年 2 月的零售均价为 20.8 元/公斤，比上年同期增加 1.2 元/公斤，增长 6.12%。

二、农资价格上涨的不利影响

农资是农业生产的物质保障，其价格高低直接决定着农民的生产成本。近年来农资价格的持续攀升，已经在一定程度上阻碍了国家大力发展"三农"基本国策的开展，吞噬了取消农业税等国家惠农政策给农民带来的实惠，产生了一系列不利的影响。

(一) 农业生产成本增加，农民收益减少

以安阳县农户黄某 2013 年春耕种植 1 亩小麦的肥料和农药为例，与 2012 年相比具体如下：肥料农药成本共增加 32 元，其中肥料增加 14 元，农药增加 5 元。

(二) 耕地面积不断萎缩

由于农资价格的持续上涨，农民种粮成本高收益低，农民并不严格执行农田保护制度，存在占用农田建房和抛荒的情况，或将部分偏远的良田、良地改种松树、桉树、果树等经济植物，不再种植粮油作物，致使耕地不断萎缩，粮食种植面积也趋于下降。

(三) 粮食生产效率难以提高

调查显示，由于粮食生产收益低，农村土地流转积极性不高，农民缺乏走产业化、集约化的机械生产方式的动力，当前安阳市粮食生产主要以家庭单干为主，仍停留于自给自足略有剩余的小农生产阶段，粮食生产效率难以提高。

(四) 农业生产效益低迫使农民外出打工，农村劳力就业压力加大

因农资及劳动力价格上涨幅度远高于粮食价格的涨幅，农业生产效益低下严重挫伤了农民种粮的积极性。随着城镇化建设步伐加快、农民进城务工的渠道增多，农民进城打工一般劳动力价格为平均每人每天 70 元左右，形成打工收入比靠天吃饭的农业更可靠，因此，农村不愿种粮的劳力都转向进城务工。

执笔：杨爱芳　王利霞

金融支持备春耕生产存在的问题

中国人民银行齐齐哈尔市中心支行调查统计科

齐齐哈尔市是农业生产大市。为全面了解全市农民备春耕生产情况，有效加大金融机构对农民备春耕生产资金的支持力度，齐齐哈尔市中心支行对经济状况好、中、差均等的 100 户农户进行了专题调查。调查结果显示：农民备春耕融资压力较大，农村地区金融服务创新不足，农民融资成本整体偏高。

一、涉农贷款风险大，农贷利率定价偏高

由于农村担保抵押体系建设不完善，林权、农户宅基地等抵押物流转处置难，涉农金融机构出于风险防范考虑不敢大面积推广。联保贷款方式在执行过程中存在"联而不保"、贷款收回难度大等问题，加大了农村信用社的贷款风险。目前农村金融机构普遍执行较高的农贷利率，与国家"三免一补"等惠农、强农政策严重相悖。调查显示，60%农户认为农贷利率在 8%~10%水平，40%农户认为农贷利率维持在 10%~12%水平，普遍超出了农户所能承受的 5%~10%的利率水平。以龙江县 6 个月至 1 年期贷款为例，目前几家涉农金融机构的贷款利率均在基准利率基础上实行上浮，农业银行上浮 70%，执行 10.42%，农村信用社利率上浮 90%，执行 11.4%，邮政储蓄银行上浮 1.1 倍，执行 13.2%。尽管各机构利率上浮幅度未超过国家规定的 2.3 倍，但实际达到民间的"一分利"水平，利率定价水平仍属偏高。

二、涉农机构放贷能力不足，难以满足现代农业生产资金需求

从资金总量看，2012 年末全市贷款余额为 760 亿元，涉农贷款 425 亿元，全市金融机构存贷比为 67%，刨除农业发展银行政策性支农贷款因素，农村信用社涉农贷款额度是最大的，余额为 105 亿元，占全部农业贷款的 25%，其他各家金融机构涉农贷款余额总计 89 亿元，农业贷款合计占比 21%。由此可见，农村信用社涉农贷款一支独大，承担着农

村地区的主要支农任务，但资金总额限制，2012 年末农村信用社贷款余额为 139 亿元，仅占全市贷款为 18%，存贷比高达 80%，单靠农村信用社一家金融机构，支农力量非常有限。从授信额度看，涉农金融机构小额农户贷款的授信额从几千元到 5 万元不等，难以满足农户购买大型农机具及规模化经营生产的需要。

三、农村地区融资渠道狭窄，涉农金融机构金融服务水平低下

近年来种子、农药、化肥等农资价格居高不下，粮食生产效益较低，农民生产资金积累十分有限，外部融资仍然是农民生产融资的主要渠道。但民间融资多来源于自有资金，主要用于流动性周转，还款主要采取一次性还本付息，利率明显高于金融机构同期同档次贷款利率，难以迎合现代农业资金需求量大的需要。金融机构贷款仍然是农民生产融资的主要方式。调查显示，有资金需求的农户 100% 选择金融机构，同时还有 30% 的农户选择向亲朋好友借款等民间融资方式。但农民普遍反映农村金融服务水平不高。其中，70% 的农户认为金融机构数量偏少，97% 的农户认为金融机构服务种类一般或过于单一，77% 的农户认为金融机构服务效率一般或低下。

有融资需求且贷款得到满足的农户贷款方式全部为联保贷款。

四、涉农贷款风险大，金融机构放贷意愿不强

一是制度性风险。由于农村担保抵押体系建设不完善，林权、农户宅基地等抵押物流转处置难，涉农金融机构出于风险考虑不敢大面积推广。二是信用风险。受当前法律法规不健全、司法制度不完善、政府职能转变慢等制约，农村地区出现了"维权成本偏高、违约成本过低"的现象，同时也诱发了一些农民在行为上的"逆向选择"，农村信用环境不尽如人意。目前农户主要采取的联保贷款方式在执行过程中因信用缺失出现"联而不保"、贷款执结率等问题，加大了金融机构的收贷难度。三是政策性风险。由于我国农业保险制度不完善，执行过程中农村保费收取与农民的支付能力不协调、农业保险风险分散机制不完备等问题较为突出，制约了金融机构放贷积极性。调查显示，2012 年龙江县农业保险覆盖率不及 20%，收取的农业保险费仅为 3088 万元，远远低于全省的平均水平。

执笔：孙娜娜

商丘市金融支持春耕备耕情况

中国人民银行商丘市中心支行调查统计科

目前，正值春耕备耕季节。商丘作为传统农业地区，加大对春耕备耕工作的金融支持，对稳定农业生产、促进农民增收具有重要意义。为了解金融支持春耕备耕的情况，商丘市中心支行联合商丘市农业局对辖内6县1市2区2家农资生产流通企业和18家农资经营户和20户农户进行了深入调查。

一、基本情况春耕备耕

2013年，商丘春耕备耕面积（含套种）达125.1万亩，其中棉花播种面积24.5万亩，花生播种面积25.3万亩，烟叶播种面积4万亩，春玉米播种面积5.2万亩，红薯播种面积1.9万亩，瓜类播种面积19.7万亩，药材播种面积0.7万亩。蔬菜播种面积43.9万亩，其他0.6万亩。目前，商丘春耕备耕正在实施，进展顺利。

二、金融支持春耕情况

截至2013年2月末，商丘市农户贷款余额为109.72亿元，较年初增加3.23亿元，农村各类组织贷款余额为18.86亿元，较年初增加2.01亿元。商丘市支农再贷款限额为7.36亿元，支农再贷款余额为3.70亿元，归还郑州中心支行1.86亿元到期资金，另外还有2亿元专款专用的奖励资金。目前，商丘中心支行积极申请贷款额度，以支持涉农金融机构加大春耕备耕资金投放。

三、春耕面临的问题

（一）农资价格略有上涨

春耕备耕所需农资主要是化肥、农药、地膜、种子等，2013年2月四类农资价格变化都有所上升，其中化肥类：尿素零售价每吨2800元，较上年同期上涨3.64%；国产复合肥（N、P、K含量45%）零售价为3300元/吨，较上年同期上涨3.13%，较上年年底和上年最高价降3.2%；农药类：杀虫剂每吨2.5万元，杀菌剂每吨45万元，除草剂每吨6万元，分别较上年同期上涨10%左右；种子：

一般种子为每公斤20元左右，市场畅销的品牌种子市场价格每公斤25元左右，最高达每公斤35元以上，与上年相比，名牌种子价格略有上涨，一般种子价格基本持平。柴油每升7.61元，较上年增加0.53元；玉米种子9558每袋28元（4斤装），与上年价格相同；农用地膜（PE普通地膜）零售价为13000元/吨；农用棚膜（PE普通农膜）零售价为11500元/吨，上涨2.31%。

（二）农资资金缺口较为明显

据调查，2013年农资储备比上年同期有所增加，农资生产资金需求旺盛，农资公司和农资经销户普遍反映资金缺口较大，但资金供给远远不足。据对虞城县田野农资公司调查，目前正处于仓储备货阶段，该公司资金缺口达600万元之多。但由于公司担保品不足而无法取得正常贷款，融资方式只能选择民间借贷。大部分农资经营户由于垫支货款、余销、资金周转较慢等，一般缺口在20万元左右。农户信贷资金需求较小，主要原因一是随着农村经济的发展及务工收入增加，农户闲散资金宽裕，二是由于农业生产资料支出占比较小，加上种植棉花、烟叶等有当地政府补贴及收购企业提供种子等的前期费用，仅有5%的农户为购置农耕机械资金缺口在5万元左右，他们解决资金缺口的首选是民间借贷，其次为亲友转借，只有一少部分能得到贷款。民间借贷的利率一般为月息一分以上。但据对涉农金融机构调查显示，金融机构目前资金较为充足，但限于抵押担保品不足无法提供贷款，两难问题短期内难以解决。

执笔：曹秋华 李小娟

欧洲中央银行中央证券数据库（CS-DB）的建设经验及对我国金融统计标准化工作的启示

中国人民银行赣州市中心支行调查统计科

国际金融危机后，各国中央银行在强化统计监测方面作出了大量的探索和研究，我国也有针对性地开展了金融统计标准化项目研究。进入实施阶段且对传统统计监测手段具有根本性变革的是欧洲中央银行的中央证券数据库（CS-DB）。CSDB 采用元数据[①]逐笔统计方式（Security–by–Security），彻底改变了传统的表单式汇总统计模式，其设计理念、思路及实施经验值得参考借鉴。

一、CSDB 简介

CSDB 系统是由欧洲中央银行（ECB）统计处建立，旨在将所有证券类数据，按照元数据逐笔统计的方式，将数据信息聚集在单一的数据仓库，为欧洲中央银行系统（ESCB）提供全面、准确、一致和及时的证券类相关统计信息，以满足国际和国内层面的各类统计数据需求。经过几年的建设和运行，截至 2012 年底 CSDB 累计包含大约 500 万条由欧盟成员国或其他国家居民发行的债务型证券、股票和互惠基金份额/单元信息，并提供多个证券类数据统计报告。

二、CSDB 特点

CSDB 相比传统的表单式汇总统计模式而言，具有三大主要特点。

（一）具有强大的数据集中功能

CSDB 由欧洲中央银行系统（ESCB）共享，通过一致和统一的证券统计口径，实现了数据"大集中"的主要特点。一是数据集中范畴广。不仅包括欧元区居民证券发行者或持有者，同时还包括国

---

① 元数据（Metadata），中介数据、中继数据，为描述数据的数据（Data about Data），主要是描述数据属性（Property）的信息，用来支持如指示存储位置、历史数据、资源寻找、文件记录等功能，按用途分成技术元数据和业务元数据。

外居民证券发行者或持有者。二是数据集中来源宽。数据信息来源不仅包括各国中央银行（NCBs）提供，同时还包括商业数据提供商及政府统计部门数据。三是数据集中内容丰。CSDB 彻底改变了以往表单式汇总数据统计模式，而是采取元数据逐笔统计模式，集中了证券发行者的类别、价格、收入、余额、发行日、赎回等业务属性数据信息。

（二）提供多维的金融统计信息

由于 CSDB 采用的是元数据逐笔统计，相比汇总数据统计而言，数据提供者无须了解数据汇总制度及汇总关系，仅需按照工具分类、部门组成等属性分类标准报送元数据，由数据管理机构对数据信息进行检查，并根据需要加工和处理。目前，CSDB 不仅提供国际收支统计、国际投资持仓统计和投资基金统计，同时还提供前瞻性的货币金融机构（MFIs）统计和金融工具公司统计（FVCs），为欧元区提供全面、准确、统一和及时的证券交易（流量）和持仓（存量）等数据信息。CSDB 还计划将提供证券持仓统计（包括金融账户统计）、金融稳定统计、政府融资统计和证券发行统计等，为货币政策研究、金融稳定分析和市场运营分析提供直接的数据支撑。

（三）使用开放的数据统计结构

CSDB 在统计理念上是以金融工具为主线，在元数据逐笔统计的基础上，通过设定国际通用的金融工具分类标准，广泛收集与该工具不同的业务属性信息。同时还可以根据不同时期对统计需求的发展和变化，随时调整或扩充金融工具所需的特定属性信息。此外，ECB 将继续与 NCBs 合作，考虑将证券持有人按经济部门划分并收集相关数据信息纳入 CSDB，同时还将考虑收集未在欧元区注册或很少在二级市场交易的持有人信息。为获得这些信息，ECB 还致力于与数据报告机构、托管人、证券结算系统或其他信息来源渠道进行合作，完善证券统计体系。

二、建设经验

CSDB 之所以相比传统的金融统计方式而言拥有以上诸多特点，主要是基于其拥有一套成熟和完善的"数据仓库"系统。

（一）建立中央证券统计数据集成系统

ESCB 实际为一个证券统计数据集成系统（SIET），SIET 主要依托关系数据库、分析数据库和多维数据库进行原始数据的收集、转换、处理、校验和统计报表的输出。首先，将收集到的数据存储至关系数据库（见图1），并实施以验证为主的第一层次数据质量控制，同时对于缺失数据进行估值补充。其次，将已经验证和完善的数据复制到分析数据库，并以一致性检验和比较的方法实施第二级别数据质量控制，数据不同维度的业务属性信息传送至多维数据库保存。最后，从分析数据库和多维数据库提取所需的数据信息形成多维的统计报表。

（二）注重金融交易的跨境监测

为解决风险传染的监测手段缺乏的

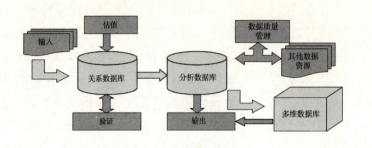

图1 SIET 的结构框架

证券持有人，囊括证券工具类别、机构部门、发行人和持有人居住国、价格（报价）、收入、与证券发行相关的交易和持仓（如发行、赎回和余额等）、与证券投资相关的交易和持仓（如投资、销售和股票等）和公司事件等内容。其中，公司事件主要包括股票分割、逆向回购、收购和兼并等会影响发行者或证券余额的活动信息。

问题，CSDB 的数据范畴将涵括欧元区居民发行的证券或持有和交易的欧元区或非欧元区发行的证券，同时还包括非欧元区居民持有的欧元区居民发行的证券或少数非欧元区居民发行的证券。此外，无论是欧元区或非欧元区居民发行的证券，只要是以欧元计价，都将引进 CSDB 数据系统。图2列示了 CSDB 的取数范畴，其中粗黑线条表示 CSDB 数据总集，必要时 CSDB 的数据范畴将进一步扩大至 D 子集。

（三）构建统计数据属性框架

CSDB 数据框架（见图3）属性主要依托于两个关键字段，即证券发行人和

（四）对工具属性进行标准化分类

大多数证券都拥有一个国际证券识别编码（ISIN），CSDB 则基于 ISIN 作为数据库系统的唯一标识符。此外，发行者的机构部门和金融工具类别也是两类重要的识别标识。发行者机构部门则主要根据1995 年欧洲国家和区域账户系统（ESA 95）进行划分，将机构部门确定为非金融公司、金融公司和广义政府，其中对金融公司和广义政府进行了细分。金融工具类别分类（CFI）则是一种商业化目的的统计分类，但其诸多属性也适合 ESA95 标准下的证券分类，如根据 ESA95 将证券类别划分为 F.3（除股票之外的证券）和 F.5（股票和其他股权证券）两类。

图2 CSDB 取数范畴

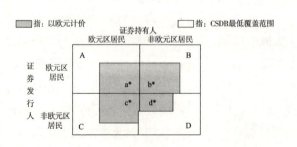

图3　CSDB数据框架

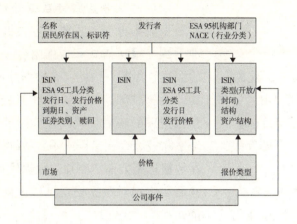

（五）建立科学的数据处理流程

一是数据收集。CSDB的数据来源（见图4）主要为商业数据提供商及中央银行提供。ECB将会以一种通用的数据结构或形式来接收相关数据，同时还会通过与其他中央银行合作，编制金融统计标准，以确保不同来源的数据集中且获得完整和统一的记录。二是数据"清洗"。数据的"清洗"过程主要通过在CSDB内部建立一些规则或校验关系来进行清理，为每一个存在矛盾的数据选择最可靠的数据来源。同时，在清理过程中，CSDB还会将一些数据提交给数据质量管理进行数据测试，以确保数据质量。三是数据估值。估值主要以市场价、交易价或名义价为原则进行。例如，对于债务型证券，可以根据发行人的计价货币、剩余期限和信用余额进行估价或依赖于过去某一种金融工具的回报率来定价。如果没有可观测的市场价格且估价方式不可行，那么CSDB将会恢复自动初始值。

（六）加强数据质量后台检查

CSDB将会与欧洲中央银行、数据提供商进行联网运营，数据提供商、国家统计部门和信息来源机构将会从CSDB加载数据并进行质量监控检查，以确定数据离群值和误差程度，并通过建立一套完善的统计数据标准（如数

图4　CSDB的数据处理流程

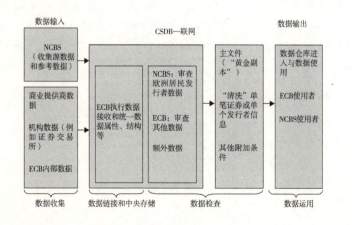

备注："黄金副本"是指一份数据文件在经过数据质量检查和数据质量管理之后的复制文本，由于相比原始数据质量而言数据质量较高，故称为"黄金副本"。

据报送标准和质量监控标准）来提高数据质量。

三、启示借鉴

"全面、统一、协调、敏锐"是金融统计标准化的最终目标，与CSDB"全面、准确、统一、及时"的统计目标具有高度的相似性，其建设经验值得参考借鉴。

（一）建设中央银行数据库集成系统

目前，我国在推进金融统计标准化建设方面已经取得了初步进展，并相继发布一系列统计标准。为此，可在此基础上借鉴欧洲中央银行做法，开发建设中央银行业数据库集成系统。在进一步完善相关技术准备的前提下，通过在系统内部组建临时数据库、正式数据库和多维数据库等方式，形成一个完善的数据库集成功能，实现以金融机构的最小业务单元（逐笔统计）为基础的业务元数据采集功能。

（二）建立开放可拓的统计框架体系

建议从实际统计需求出发，以金融工具为主线，在对金融工具属性进行标准化分类的基础上，构建统计数据属性框架。属性内容至少需要涵括金融工具类型、持有人、价格和余额等信息内容。今后还可根据统计需求的变化，调整金

融工具及其属性分类。

（三）制定标准化统计数据处理流程

建议尽快制定统计数据处理流程。在数据收集方面，需要制定数据报送标准，统一报送格式和指标内容，确保原始数据收集的一致性；在数据处理方面，建议由科技部门和调查统计部门一道设置数据库的映射规则或校验标准，"清洗"和过滤存在错误或矛盾的统计数据；在数据运用方面，要加强数据质量测试，并需要定期对数据报送机构进行数据质量检查。

参考文献：

[1] ECB, The Centralized Securities Database In Brief, ECB Report, Feb. 2012.

[2] Joao Cadete de Matos, The use of security-by-security database for portfolio investment statistics, IFC Bulletin NO 29, 2009.

[3] Werner Bier, Centralized Securities Database supporting the production of external and other financial statistics, 20th Meeting for the IMF committee on Balance of payments statistics, Oct. 2007.

[4] IMF, Quarterly International Investment Position Statistics, IMF Report, Mar. 2011.

[5] ECB, Centralized Securities Database Current Use in the Production of the Euro Area Balance of Payments and International Investment Position, Twenty Second Meeting of the IMF committee on balance of payments statistics in Shanghai, Nov. 2009.

执笔：幸泽林

我国房地产调控工具选择及调控效应研究

中国人民银行合肥中心支行调查统计处
中国人民银行蚌埠市中心支行调查统计科

近年来随着我国城市房价的普遍、持续和快速上涨，如何提高房地产市场宏观调控水平和政策绩效已成为全社会关注的焦点问题，政策工具选择偏好直接决定了宏观调控的有效性问题。因此，本文将从调控工具选择的角度对这一问题展开研究，通过梳理和分析 2003 年以来我国三次房地产宏观调控政策工具及效应，加强对政策工具的认识，为今后运用合理的政策工具，使房地产宏观调控政策和过程能够顺畅连接、相互支持，使房地产调控效应进一步提升。

一、我国房地产宏观调控的政策工具

宏观调控的政策工具包括房地产供给管理工具和房地产需求管理工具两大类。

（一）房地产供给管理工具

从具体的、针对性的工具看，供给管理最直接的方式是对土地供应的控制，政府房地产宏观调控的首选是通过对土地供应的管理来达到对房地产开发的供给管理。

其次是通过房地产信贷进行调节，因为房地产开发资金结构中，70%左右来自外部，即银行贷款或者上市融资，因此通过提高银行贷款利率，会对房地产开发规模产生明显的影响，实现对房地产的供给管理目标。但是由于房地产开发的时滞性，利率调整对当期的房地产供给不会产生较大影响，因此通过利率调整对房地产调控有一定的滞后期。

最后是通过税收，提高或降低房地产开发、经营环节的宏观税负，可以起到抑制或拉动供给的作用。

从以上三种方式可以看出，供给管理从政策工具特性上看，偏重于强制性的政策工具类型，调控对象相对固定，政策措施严厉，具有见效快的政策属性，但是在政策执行过程中容易使政策对象产生抵触心理，政策执行的监控成本较高。

（二）房地产需求管理工具

政府对房地产调控的需求管理着重从两个方面展开：一是对于自有资金需求的购房者，可以通过其获取房地产环节的征税以及购房后的持有环节征税实现，提高税收必然会抑制需求，反之会刺激需求，通过税收手段的另一个特点是可以通过税制要素中对不同征税对象的差别税率，可以实现对需求结构的引导。二是对于借贷资金形成的需求，一般通过金融政策中的利率调整和消费信贷的首付比例实现，对不同购房者的金融政策的差别对待也会对需求结构产生影响。

需求管理的政策工具属于诱导性政策工具，不管是税收政策还是金融政策，都不是强制地规定或限制消费者的决策行为，而是通过有选择的政策引导使其行为趋向于政策目标。诱导性政策工具的特点在于给政策对象以一定的选择自由，通过利益引导使其行为趋向于政策目标。

二、我国房地产宏观调控的历程、工具选择及效应分析

（一）我国房地产市场宏观调控的变迁

2003 年以来，中央政府对房地产市场的宏观调控经历了紧缩（2003 年至 2008 年 9 月）、放松（2008 年 10 月至 2009 年 12 月）和再度紧缩（2010 年 1 月至 2012 年）三个阶段。宏观调控的目标是呈现多元化特征，在不同阶段的侧重点也略有不同。

第一阶段，房地产市场调控的宏观政策对市场的干预比较少，主要是一些针对房地产市场和高档商品房信贷的指导性政策，方式比较间接和温和。随后由于房地产的升温，国家逐步加大政策力度，至 2006 年各项政策密集发布，达到顶点。在房价增幅放缓后，从 2007 年下半年开始，国家将政策重点放到调整住房供应结构上来。这一阶段使用的主要调控手段是金融政策、土地政策，该阶段调控的核心主要围绕房地产开发商的资金和土地开展，调控的对象主要是开发商。

第二阶段，随着调控效果显现，房价增速下降，宏观调控的重心转移到保障房建设上来。2009 年宏观调控的目标是继续加强保

图1 房地产宏观调控工具示意图

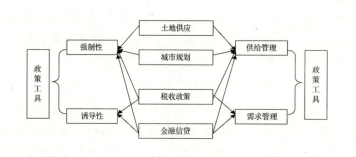

障性住房建设的同时，防止房地产市场大起大落，保障经济增长。进入 2009 年下半年，前期各项旨在刺激房地产市场发展的政策效果开始显现，各地房市快速反弹，甚至出现房价飙升势头。这一阶段，行政手段的使用频率逐渐升高，购房者和地方政府逐渐成为调控重点，中央政府进一步加大了对投机和投资性购房需求的打击力度。

第三阶段，中央政府再度将调控重心放在遏制房价快速上涨，加快保障性住房建设上来。这一阶段，行政手段是主要的调控工具，2011 年已经超过经济手段，同时强化了地方政府在稳定房价和住房保障上的行政责任。

综合来看，2003 年以来，我国房地产市场宏观调控的变迁呈现出以下特征：调控目标多元化；调控手段逐渐由以经济手段为主，行政手段为辅演化为两者并重的趋势；调控对象的重心由开发商逐渐转至地方政府和购房者；调控环节重开发、交易，对保有环节的调控有待加强。

（二）我国房地产市场宏观调控的效应分析

2003 年以来，中央出台了一系列房地产调控政策，除了 2009 年出台的鼓励购房政策措施外，其他政策都旨在抑制房价过快上涨和房地产投资过热。

第一阶段："管严土地、看紧信贷"连续调控阶段（2003 年初至 2008 年 9 月）。五年来，房地产宏观调控没有达到预期的目标，住房供应市场的结构性矛盾依然突出，房价上涨势头没有得到遏制，房地产投资过快的趋势没有得到根本改变。

这一阶段房地产市场的主要特征：商品住宅市场交易活跃，房价不断攀升，房地产开发投资增速较快；调控政策方向是控制房地产投资过快增长和房价过快上涨。五年间政府运用了多种政策工具对房地产市场进行宏观调控，房地产领域出现了一些积极的变化。

房地产调控的效果主要通过商品房销售面积增速和房价涨幅的变动来反映。对比发现，"国八条"、"国六条"等政策缓解了房地产价格上涨的速度，但没有降低房地产价格的绝对水平。2007 年9 月出台的"二套房贷"政策的效果较明显，交易量同比增速随即出现下降，2008 年三季度交易量出现萎缩，且幅度不断加大。

通过对近几年选择性金融政策调控房地产市场的效果比较发现，人民银行运用选择性金融政策调控房地产市场的方式和手段更加成熟、灵活，但仅依靠金融政策调控房地产市场是不够的。

政府土地政策的调控效果有限。从 2004 年开始，政府对土地出让采取了"从紧从严"的管理政策，要求加大土地供应调控力度，适时调整土地供应结构，加大对闲置土地的清查。政府对土地供给的严格控制对房地产的土地购置和开发规模产生了一定的影响，但影响有限。2004 年二季度连续 3 个月当月土地投资负增长，土地购置面积增速明显从 2004 年二季度持续回落至 2007 年二季度，但土地交易价格不降反升。另外，2006 年二手房营业税新政的执行使二手房需求的减退部分挤压回新建住房市场，成为推动新建住房市场房价上涨的因素之一，因而整个住房市场的房价均呈现上涨局面。

第二阶段：放松信贷鼓励发展阶段（2008 年 10 月至 2009 年 12 月）。这一阶段的政策调控方向是鼓励住房消费和房地产开发投资。在前一阶段房地产调控政策和全球金融危机的影响下，2008 年四季度商品房交易面积继续萎缩，2009 年一季度房价同比出现下降。为应对危机，宏观经济政策从"两防"转向"保增长"。在房地产方面，2008 年 12 月国务院办公厅发布《关于促进房地产市场健康发展的若干意见》，松绑二套房贷，提出鼓励普通商品住房消费；支持房地产开发企业积极应对市场变化。2009 年一季度至四季度商品住宅交易量同比增速大幅回升，2009 年二季度房价重拾涨势，2010 年二季度房价同比涨幅达到 14%，为 1998 年以来的最高点。

本轮宽松调控中，金融与信贷政策使得抑制已久的刚性需求以及投资型需求在 2009 年得到释放，共同促成了 2009 年楼市的强势反弹。房地产业在我国战胜国际金融危机、扩大内需、拉动经济起了关键的作用。

第三阶段：严厉限购加大调控阶段（2010 年 1 月至 2012 年）。本轮调控政策的目标是遏制房价过快上涨，促进房价合理回归。2010 年以来，中央出台了严厉的差别化信贷政策以及包括限购、限贷、行政问责在内的行政性调控措施，

对购房需求特别是投资、投机性需求实行严控，调整完善相关税收政策，增加炒房成本，抑制投机，并在重庆、上海开始实行房产税试点。在越来越严厉的经济手段和行政措施的调控下，房地产调控政策的效果明显显现，房价过快上涨的势头总体上得到有效遏制。2010 年三季度房屋销售价格指数出现明显回落，随着政策力度的逐步加大，直至实施严格的限购政策，房价同比涨幅出现大幅下降，至 2012 年上半年，70 大中城市中同比价格下降的城市数量持续增多，从 1 月的 15 个持续增加到 6 月的 57 个，同比价格下降的城市数量占比已超过 80%。

与前两次调控相比，本轮调控的主要特点是行政手段的频繁使用，住房限购限贷政策与严厉的税收和土地政策一起，共同组成了"史上最严厉"的房地产调控政策"组合拳"，取得了积极的效果，房地产市场成交大幅降温，商品房房价滞涨，房地产投资的规模和速度放缓，有力地打击了炒房者，但同时也片面地打击了改善型住房需求者，房价并没有如公众所预期的那样大幅下跌。此外，保障性住房的建设计划和增加中小户型商品房用地的审批、落实等增加有效供给的措施在地方的执行力度有待增强。

（三）我国房地产调控工具选择特点分析

1. 偏重于供给管理，需求管理不足。在我国房地产宏观调控的最初阶段，针对房价上涨，政府主要从供给入手，严格土地审批，抑制供给，但对需求的管

理不足，未能有效地控制投机性需求。

2. 偏好立竿见影，偏好强制性工具。政府对房地产宏观调控的决心是有的，表现在对一些强制性工具的运用，这样的政策工具选择的初衷就是追求调控效果的立竿见影。从近年房地产宏观调控中的政策工具运用来看，偏重于选择强制性工具，具有威慑力的房地产行政管制措施层出不穷。尽管强制性工具以严厉、见效快为特点，但在运行中容易产生抵触或者博弈，需要较大的监控成本保证执行效果，另外强制性的措施容易产生"一刀切"的局面。

3. 偏重于短期目标，缺乏长期的基础性工具。我国政府对房地产市场的宏观调控多是临时性应对当前问题的对策性手段，缺少框架式的长效机制设计，政策工具的运用缺乏层次感，往往以联合通知的形式下发，一揽子政策集中推出，习惯阶段性、临时性的政策组合调控，缺乏长远的调控意识。

三、结论与建议

多种因素决定了我国房地产调控的难度大，房地产调控要达到预期的效果，除了加强部门之间、中央与地方之间的协调之外，建立合理的房地产政策工具体系也是重要的一环。应充分考虑各政策工具组合的层次性，建立基于长远的、基础性改良的政策体系，在政策制定中充分考虑政策主客体及政策执行者之间的博弈关系，因地制宜，保证政策执行的效果，并对政策制定、执行中出现的种种问题，通过预定的和机动的监控措施予以及时更正。为此，在制定政策时应充分考虑：在政策制定中突出诱导性政策工具的基础性地位，注重土地供给制度建设，加大保障房建设力度，利用税收杠杆调节房地产业的供求关系，有区别地适度调整信贷政策，完善信息披露制度，遵循弱化行政政策的思路。

执笔：董新辉

房地产供给市场发展及其影响因素关系研究

——基于西安市的统计分析与实证检验

中国人民银行西安分行调查统计处

1998 年下半年，我国停止住房实物分配实行住房分配货币化，同年中央银行、财政部、国家税务总局等部门分别出台扶持政策。在政策全面支持下，房地产市场快速起步，西安市房地产也迈入市场化发展阶段。

一、西安市房地产供给市场的主要影响因素验证

为了能够准确地分析影响西安市房地产业供给的主要因素，本文利用 1998~2011 年的数据，通过主成分回归分析确定影响房地产供给市场的主要因素。

(一) 相关性分析

通过对影响房地产供给的各因素进行相关性的分析结果显示，除政策因素和城镇化外，其他变量之间均存在很强的正相关性。其中，房地产施工面积与房地产开发资金来源、房地产投资和经济增长的相关性最强，相关系数超过 0.99，与房地产价格、固定资产投资、银行信贷以及房屋造价的相关系数也均超过 0.91，而与城镇化率和政策因素的相关性较弱，相关系数分别为 0.79 和 0.35。

(二) 主成分回归分析

由于变量间具有很强的正相关性，而且样本数量较少，为保证回归分析的有效性，本文运用 SPSS 软件通过主成分分析对数据进行降维处理，得到房地产投资 (FCTZ)、房地产价格 (FCJG)、GDP、竣工房屋造价 (FWZJ)、开发资金来源总额 (KFZJ)、固定资产投资 (GDTZ) 以及开发资金来源中的银行贷款 (YHDK) 7 个指标 96.24% 信息的第 1 主成分。因此，在接下来的回归分析中主要分析第一主成分、城镇化以及政策因素对房地产施工面积 (SGMJ) 的影响。

模型结果表明，由房地产投资（FCTZ）、房地产价格（FCJG）、GDP、竣工房屋造价（FWZJ）、开发资金来源总额（KFZJ）、固定资产投资（GDTZ）以及开发资金来源中的银行贷款（YHDK）提取的第一主成分与房地产供给之间存在显著的正向推动作用，而房地产调控政策因素对西安市房地产供给有一定的抑制作用，但并不显著，同时城镇化进程也未对房地产供给产生显著影响。

进一步来看，第一主成分内部房地产投资（FCTZ）、房地产价格（FCJG）、GDP、竣工房屋造价（FWZJ）、开发资金来源总额（KFZJ）、固定资产投资（GDTZ）以及开发资金来源中的银行贷款（YHDK）的得分系数分别为 0.023、0.415、0.256、0.150、0.052、0.122 和 0.001，表明影响西安市房地产供给的首要因素是房地产价格和经济增长，其次是房屋造价、固定资产投资以及房地产开发资金，再次是房地产投资和银行信贷。

二、房地产供给与其主要影响因素关系的实证分析

在验证了影响西安市房地产供给的主要因素的基础上，本部分主要是通过定量研究，着重分析西安市经济发展与房地产发展、房地产供给与房地产价格以及房地产与经济发展的周期性等方面的数量关系。

（一）指标选取与平稳性检验

单位根检验结果显示，在 10% 的显著性水平下，GDP 和房屋销售面积（XSMJ）均为二阶单整序列，房地产施工面积（SGMJ）和固定资产投资（GDTZ）均为一阶单整序列。

（二）房地产供给与经济增长的关系

1. 房地产供给与经济总量的关系。向量误差修正（VEC）模型结果和格兰杰（Granger）因果检验显示，西安市经济增长与房地产销售之间存在长期均衡关系，且经济增长是房地产销售的格兰杰原因，即经济增长推动房地产实际供

表1 陕西省金融结构指标与经济结构指标

指标代码	指标名称	指标含义	单 位
FCTZ	房地产投资	反映当年房地产的投资规模	亿元
SGMJ	房地产施工面积	反映房地产的潜在供给情况	万平方米
XSMJ	房地产销售面积	反映房地产的现实供给情况	万平方米
FCJG	房地产销售价格	商品房销售金额/商品房销售面积	元/平方米
GDP	国内生产总值	以现价计算的 GDP	亿元
GDTZ	固定资产投资	当年固定资产投资完成额	亿元
KFZJ	房地产开发资金	房地产开发资金来源总额	亿元

数据来源：1992~2012 年《陕西省统计年鉴》。

给的增长。从长期均衡关系来看，经济总量每增长1亿元会推动房地产销售面积增加0.79万平方米；从VEC模型来看，当房地产销售面积偏离长期均衡状态时，系统能够有效地将其调整至长期均衡状态，而对于经济总量变动的调整并不显著。

2. 房地产供给市场发展与经济增长的周期性比较。本文通过h-p滤波分析来分析房地产供给市场发展与经济增长之间的周期性关系，主要是通过比较主要指标的周期项来分析各变量间的周期性变动关系。从周期性变动关系来看，当经济进入衰退周期时，房地产销售面积最先达到低谷，之后是房地产投资和经济增长达到低谷，房地产施工面积最后达到低谷。分析表明，房地产的现实供给情况能够灵敏地反映经济的未来走向，而房地产施工面积则明显滞后于经济发展的走势。

（三）房地产潜在供给与固定资产投资之间的关系

数量分析结果显示，西安市固定资产投资与房地产施工面积之间存在长期均衡关系，且固定资产投资是房地产施工面积的格兰杰原因，即固定资产投资推动房地产潜在供给的增长。从长期均衡关系来看，固定资产投资每增长1亿元会推动房地产施工面积增加4.28万平方米；从VEC模型来看，当房地产施工面积偏离长期均衡状态时，系统能够有效地将其调整到长期均衡状态，而对于固定资产投资变动的调整并不显著。

（四）房地产供给与房地产价格的关系

本文选取房地产销售价格[①]来代表西安市房地产价格水平，选择房地产投资以及房地产施工面积来反映西安市的房地产供给情况，并建立VEC模型。模型结果显示，西安市房地产价格与房地产供给之间存在长期均衡关系，房地产投资增加推动西安市房地产价格走高，房地产价格走高又推动房地产投资增大和房地产施工面积增大，而房地产施工面积的快速增加又会抑制房地产价格的上涨，这也表明西安市房地产供给的有效增加抑制了房地产价格的过快上涨。

三、促进房地产与经济协调发展的建议

（一）对于房地产行业的调控应从增大有效供给和疏通资金来源两方面入手

实证分析表明，增加房地产供给能够有效控制房地产价格，在增加有效供给方面，需要对房地产市场进行细分，一般商品房由市场进行自我调节、自我发展，同时地方政府要担起保障房建设的重担，优化市场供给结构；在疏通资金来源方面，除通过传统的银行信贷渠道获得资金外，还可以通过发债和银行间市场为保障房建设融资，促进保障房市场供给有效增长。

---

① 注：限于商品房销售价格数据获取的难度，本文在此以商品房销售额/销售面积来代表商品房价格。

(二) 建立反映房地产发展的监测指标体系，增强政策调控的效果，促进经济和房地产协调发展

从周期性关系来看，房地产的现实供给情况能够灵敏地反映经济的未来走向，而房地产施工面积则明显滞后于经济发展的走势。因此，应对西安市房地产销售情况进行密切监测，并据此及时调整房地产的供给，增强房地产与经济发展的协调性。

(三) 从城乡统筹发展视角对房地产发展进行统一规划，促进房地产市场有序发展

在影响西安市房地产供给的主要因素中，城镇化发展排在最后一位，主要是由于西安市的城镇化水平较低，对于房地产供给的影响不显著。建议在后期的发展中，提前布局城镇化发展的格局，及时对接西安市城镇化推进过程中的房地产需求，促进房地产市场有序发展。

(四) 在政策调控方面应突出地区差异性，适度突出对西部地区的政策优惠

实证分析结果显示，房地产调控政策因素对西安市房地产供给有一定的抑制作用，但并不显著，主要是西安的房地产需求以居住性需求为主，而且房地产供给较为充足。建议在制定房地产调控政策时，可以根据地域、发展阶段等因素制定差别性的政策，突出对于经济发展落后地区和房地产发展起步阶段的政策支持。

(五) 控制房地产价格保持在合理水平，促进房地产行业健康、持续发展

分析表明，房地产价格是影响房地产供给的首要因素，控制房地产价格保持在合理水平，不仅能保持房地产行业健康、持续发展，还可以有效地避免其对经济运行产生的波动。在操作层面上，通过对房地产行业成本的核算，使其利润水平保持在全部行业的平均水平附近，避免房地产价格大起大落。

执笔：张晓莉 张宏亮

金融市场的规模、结构与经济增长
——基于 17 国面板数据的实证研究

中国人民银行福州中心支行调查统计处

金融发展与经济增长之间的关系在整个现代经济学的历史中始终受到极大关注。20 世纪 80 年代以后，随着金融在现代经济中的地位和作用越来越突出，经济活动无法超越金融而展开。但肇始于 2008 年的国际金融危机警示我们，发达国家金融行业过剩并脱离实体经济发展，导致金融业本身的泡沫积累并破裂，从而引发危机。当前中国经济社会开始发生深层次变化，如劳动力供应步入刘易斯拐点、企业技术进步模式从跟随模仿走向自主创新、快速步入老龄化社会等，如何采取合适的金融发展战略来促经济增长，使金融发展规模和结构与实体经济相协调，避免金融规模过剩或金融结构不合理，具有重要的理论与实践价值。

一、典型事实分析

自 20 实际 70 年代以来，世界上不同类型国家的金融体系和金融结构均发生了或者正在发生着"革命性的变化"，各国基本上都在以不同的方式、不同的速度向多层次金融市场结构转变。德国是银行主导型金融体系的典型国家，20 世纪 80 年代中期，Finanzplatz Deutschland 所提出的改革法案得到了德国政府、联邦银行和银行团体的支持，该方案认为，资本市场已经成为制约当时德国经济的最主要问题，针对这些问题，德国展开了一系列旨在促进金融市场发展的改革措施，如颁布实施股票交易许可法 (1987)、建立金融期货市场 (1989) 等。进入 20 世纪 90 年代，德国的资本市场取得了巨大发展，上市公司数量、交易额和市场价值大增，债券市场也得到了稳步发展。日本在"广场协议"之后，泡沫经济破裂，金融市场和秩序曾经遭遇了巨大的打击。1996 年，日本首相桥本龙太郎开始放宽对金融业限制，扩大银行证券和保险业的经营范围，推动资本交易自由化，持续扭转了东京金融市场持续萎缩的状况，同时大力培育债券市场。

美国一直是市场主导型的金融体系，信贷占 GDP 的比重一直比较稳定，但股票市值占 GDP 的比重一直处于高位，股票和债券等直接融资工具在美国的发展更为充分。1999 年，美国宣布废除《格拉斯—斯蒂格尔法案》，出台了新的《金融服务现代化法案》，从而标志着美国新的金融业务模式和新的监管体系框架的产生。《金融服务现代化法案》规定，银行、证券公司、保险公司以及从事金融服务的其他企业可以相互构建关联企业，美国金融业分业经营的壁垒支持打破，混业经营取而代之，必然会进一步加快银行和市场的融合，推动金融市场的发展。

改革开放以来，中国持续的货币和金融改革使得金融体系从大一统逐渐走向多元化，逐渐形成了银行主导型金融体系，银行信贷是工商企业和私人部门最主要的资金来源。直到 20 世纪 90 年代，股票和债券市场的建设和发展，特别是股权分置改革之后，中国的股票市场有了长足发展，制度红利促使股票总市值爆发式增长，截至 2010 年底，股票市场总市值超过 30 万亿元，金融发展的总体水平得以提升，金融结构得到了进一步的优化。

二、计量模型分析：细分金融市场规模的决定因素

本部分的计量模型分析，主要是探寻经济发展阶段与信贷、股票债券、保险等细分金融市场规模的匹配对应。在建模时，除了考虑人均 GDP 因素外，我们还将各个国家的人口结构因素纳入模型。

根据 Modigliani (1954) 的生命周期假说理论，由于消费者一生获得的总效用等于现期消费与未来消费之和，理性的消费者会根据一生的收入水平来安排自己的消费与储蓄。由于人生各个阶段的收入与消费水平不同，不同阶段的储蓄水平就出现了差异。根据这样的逻辑，我们推理，不同的年龄阶段、不同的储蓄水平很大程度上决定了不同风险偏好程度。正处于工作阶段的人群，风险承受能力较强，对股票等权益类投资较为青睐；而老年退休人口属于非劳动适龄人口，更加偏好银行存款、固定收益债券等低风险投资工具。

分别以存款货币银行和其他金融机构对私人部门的信贷额与 GDP 的比值 (PCRDBGDP)、股票市场市价总值与 GDP 的比值 (STMKTCAP)、人寿保险保费收入与 GDP 的比值 (INLIFE)、非人寿保险保费收入与 GDP 的比值 (IN-SNONLIFE)、公共债券市场市值与 GDP 的比值 (PUBOND)、私人债券市场市值与 GDP 的比值 (PRBOND) 为被解释变量，以人均 GDP (EGDP)、人均 GDP 平

方项（EGDPS）、0~14岁人口/总人口比重（YOUTH），65岁及以上人口/总人口比重（OLD）为解释变量，添加人均GDP平方项主要是为了捕捉细分金融市场规模与经济发展之间可能存在的驼峰关系。设定面板模型（Ⅱ）如下式所示：

$$PCRDBGDP_{it} = \beta_0 EGDP_{it} + \beta_1 EGDPS_{it} + \beta_2 YOUTH_{it} + \beta_3 OLD_{it} + u_{it} + v_{it}$$

其中，i为不同的经济体；t为时间；u_{it}为不可观测的国别特征；v_{it}为随机误差项，u_{it}和v_{it}共同构成模型的误差项。经Hausman检验可知，皆选用固定效应模型。再者，不考虑国别差异，故最终选取固定效应变截距面板计量模型。

在模型（5）、（7）、（8）、（9）、（10）中，人均GDP及其平方项系数均显著，说明人均GDP与信贷、保险、债券市场规模存在非线性峰性关系，根据人均GDP在模型（5）、（7）、（8）、（9）、（10）中一次项和二次项系数，人均GDP与金融市场规模的拐点分别是5.04、6.25、6.84、7.8、8.15（均以2010年美元计对数值），2010年中国的人均GDP对数值为8.4，均在拐点对应的人均GDP数值的右侧（8.4>5.04、8.4>6.25、8.4>6.84、8.4>7.8、8.4>8.15），可得出这样的推论：当前伴随着中国经济发展和人均GDP进一步提升，信贷市场、保险市场、私人债券市场相对规模会进一步扩大。

从人口结构对细分金融市场相对规模的回归结果来看，65岁及以上人口/总

表1　面板模型（Ⅱ）回归结果

解释变量	被解释变量					
	模型（5）	模型（6）	模型（7）	模型（8）	模型（9）	模型（10）
	PCRDBGDP	STMKTCAP	INLIFE	INSNONLIFE	PUBOND	PRBOND
EGDP	−53.27***	36.18	−5.25***	−1.493***	49.07***	−31.74***
	(13.33)	(34.217)	(0.873)	(0.369)	(11.91)	(9.124)
EGDPS	5.253***	1.17	0.42***	0.109***	−3.13***	1.947***
	(0.73)	(2.080)	(0.047)	(0.022)	(0.729)	(0.556)
YOUTH	−2.350***	2.18**	−0.02	−0.024*	1.642***	−2.77***
	(0.30)	(1.025)	(0.023)	(0.012)	(0.451)	(0.414)
OLD	−5.084***	2.92**	0.168***	0.026***	14.01***	−2.53***
	(0.69)	(1.407)	(0.041)	(0.016)	(0.523)	(0.429)
常数项	232.5***	−415.93**	14.15***	6.715**	−316.5***	242.7***
	(67.95)	(160.650)	(4.496)	(1.823)	(57.69)	(45.60)
观测值	659	335	512	344	273	246
R2	0.8099	0.8166	0.8537	0.9605	0.9172	0.9519
调整R2	0.8039	0.8049	0.8478	0.9580	0.9117	0.9486
F检验	135.91	69.93	143.34	393.09	166.25	283.71

注：括号内数据为标准误，*、**、***分别表示在10%、5%和1%的水平上显著。

人口比重（OLD）的回归系数在模型（5）至（10）中均通过显著性检验。以信贷市场为例，0~14 岁人口/总人口比重（YOUTH）、65 岁及以上人口/总人口比重（OLD）越大，即少年、老年人口占比高，会拉低信贷市场相对规模；而老年人口比重的增加会增加保险市场相对规模，对公共债券市场和私人债券市场相对规模的影响方向是相反的。

我们以模型（5）、（10）的回归方程为参照系，来考察中国近十年来的信贷市场、私人债券市场发展的适度性。我们使用中国样本 2001~2010 年相关数据通过模型（5）、（10）的回归方程，计算而得模型拟合值，并以此为参照标准与实际值相比对。中国 2001~2010 年信贷/GDP 实际值远高于中国样本数据的模型拟合值，而中国 2001~2010 年私人债券/GDP 实际值远低于中国样本数据的模型拟合值，以模型拟合值为参照标准或者说是理论最优值，则可以推断，中国的信贷市场已经过度膨胀，而债券市场发展严重滞后，这与我们对金融事实的主观感受一致，旁证了上述模型具有较高的合理性和准确性。

三、结论

对于一个经济体，在发展的过程中，随着资源禀赋结构的提升、实体经济产业、技术结构的变迁，其最优金融结构应相应地演变。从典型事实来看，随着经济发展，有效的金融体系一般从间接融资占绝对主导逐渐演变为直接融资和间接融资并重，即随着经济发展，股票和债券市场的发展将加速。因为资本市场可以有效地分散新产品生产和新技术研发所具有的技术和市场风险，从而促进创新活动的开展和技术工艺水平的进步，为经济增长源源不断地提供内生性增长动力。1960~2010 年，包括中国、美国、日本等 17 国非平衡面板计量模型结果显示，信贷市场、股票市场、保险市场和债券市场对经济发展的拉动效应均显著为正，证明金融市场发展与经济增长之间呈同向关系。在探寻经济发展阶段与信贷、股票债券、保险等细分金融市场规模的匹配对应关系时，我们在面板计量模型构建中除了考虑人均 GDP 因素外，还创造性地将各个国家的人口结构因素纳入模型，回归结果显示：人均 GDP 与信贷、保险、债券市场规模存在非线性峰性关系，但与股票市场回归系数没有通过显著性检验。65 岁及以上人口/总人口比重（老年人口比重）对信贷、股票、保险、债券市场均有显著影响。我们以上述的面板数据回归方程为参照系来考察中国近十年来的信贷市场、私人债券市场发展的适度性，可以推断，中国的信贷市场已经过度膨胀，而债券市场发展滞后。

执笔：张习宁

金融发展、金融结构与城乡收入差距的关系研究

——基于中国省际 1996~2010 年面板数据的实证

中国人民银行兰州中心支行调查统计处

缩小城乡差距、打破城乡二元经济结构格局是中国转型经济需要解决的重大课题。作为影响城乡收入差距的重要因素，金融发展和金融结构值得关注。本文基于中国省际数据，利用动态面板模型，对金融发展、金融结构与城乡收入差距的关系进行了研究。结果表明，金融发展将会倾向于扩大城乡收入差距，金融结构优化将会缩小城乡收入差距，城市化进程加快会扩大城乡收入差距呈现。

一、引言

收入分配是经济学研究的一个永恒命题。改革以来，中国经济持续高速增长，经济总量不断扩大，居民收入大幅提高，成就举世瞩目。但与此相伴生的不断扩大的收入分配差距，尤其是城乡收入差距，却是一个不容争辩的事实。城乡收入差距是导致我国收入分配差距扩大的第一大因素，在各项原因中占比40%以上。[1] 2004 年，我国国民的基尼系数已经达到 0.47[2]，已经超出了公认警戒线 0.4，这还没有考虑城乡社会保障体制、医疗服务水平等方面的差异，如果再将这些方面量化成货币因素，城乡收入差距无疑还会大幅提高。

在中国经济发展的特殊背景下，城乡收入差距作为二元经济结构最集中的体现，因其在扩大收入分配差距中的贡献最大，使得相关研究重要而深刻。作为影响城乡收入差距的重要因素，金融发展和金融结构优化的作用值得探究。中国金融发展和金融结构优化存在着明显的城市化倾向，金融歧视造成城乡金

---

[1] 李长安：《是什么在阻碍收入分配公平》，载《环球时报》，2012-08-28。

[2] 2004 年以后，国家统计局不再公布全国的基尼系数。现有的基尼系数都是由学者们独立调查推算的结果，缺乏权威性。

融资源配置严重不均，导致资本在农村发展过程中的参与不足，造成城乡发展能力的巨大差异：农村发展严重滞后于城市，农村居民收入远远落后于城市居民。城乡收入差距不仅关系到社会稳定和社会公平，而且对提高经济效率、拉动内需和推动经济可持续发展具有十分重要的作用。金融发展和金融结构优化在推动我国经济快速增长的同时，也对经济结构、居民收入结构，尤其是城乡收入差距产生了明显影响。因此，在我国经济转型背景下，研究金融发展、金融结构优化对城乡收入差距的作用机制具有重要的理论和现实意义。

有别于国内外同类文献，本文做了以下探索：一是从金融结构优化层面来研究城乡收入差距，希望提供一个新的研究视角。现有的文献大多是从金融发展角度研究金融与收入分配的关系，而未考虑金融结构优化对收入分配的影响。有些学者也探讨了金融结构对收入不平等的影响，但范围仅限于城镇居民。二是本文强调了中国省际非平稳面板数据的动态性，并利用1992~2010年中国省际数据对其进行了动态性检验。

二、研究方法和模型设定

（一）理论说明

1. 关于金融结构的界定。最早把金融活动和金融现象作为一种结构即金融结构来研究的是美国经济学家戈德史密斯。他认为，金融结构就是金融工具和金融机构的形式、性质及其相对规模，

以及各类金融工具和金融机构在金融资产中的比例关系，既涉及存量分析又涉及流量分析。通过衡量一国金融结构和金融发展水平的基本指标体系，戈德史密斯认为金融结构并不是一成不变的，虽然其随时间变化的方式在各国不尽相同。孔特和莱文将金融机构界定为金融中介机构和金融市场的相对状况，并将金融结构简单分为市场主导型和银行主导型。这种观点被国内许多学者认可，并称为狭义金融结构。当然，广义金融机构包含的内容更加丰富、范围更加广阔，具体来说包含金融工具的构成、金融机构的结构、银行资产配置、居民金融资产结构等。

本文从社会融资的角度出发，重点考察狭义金融结构，即银行类金融结构与金融市场的比例关系。从金融功能的角度来看，金融结构理应取决于社会的融资需求结构。按照主流观点，社会融资结构由三部分构成：贷款、债券和股票。根据人民银行的划分方法，债券和股票为直接融资，贷款为间接融资。所以，从一定程度上来说，各地区直接融资的相对规模就能反映金融结构的状况。

2. 关于金融发展的界定。根据戈德史密斯的观点，金融发展是指金融结构的变化。一般来说，金融发展程度越高，金融工具和金融机构的数量、种类就越多，金融服务水平就会越先进，金融的效率就越高。主流观点认为，狭义金融发展是指金融总量的扩张，而广义金融发展包含金融总量的增长以及金融结构的优化两个相互影响、相互促进的不可

或缺的阶段。一般来说，只有当金融总量的增长达到一定规模，产生了充分竞争时，才会促使金融结构发生变化，不断地优化以促进实体经济的发展。在促进实体经济发展的过程中，各个金融机构也发生了一定程度的分化，那些能够适应经济发展需要、顺应潮流变化的机构迅速占据了优势地位，金融机构内部也会随之发生相应的变化来适应这种要求。

本文从研究的便捷性和地区数据的可获得性上考虑，仅从狭义角度来度量金融发展，即用金融总量来衡量金融发展水平。

（二）模型设定

根据上文的分析，结合中国实际，本文设定面板数据协整模型如下：

$$CU_{i,t} = \beta_{1t}FP_{i,t} + \beta_{2t}FD_{i,t} + \beta_{3t}CR_{i,t} + \varepsilon_{i,t}$$

模型中，CU 表示城乡收入差距，为被解释变量；FP 表示金融结构；FD 表示金融发展水平；CR 表示城市化率，这三个变量为解释变量。上述变量中，金融发展水平和城镇化率是控制变量，因为根据以往的研究，金融发展水平对城乡收入差距的影响较大，而城市化率是影响城乡收入差距的重要因素。城市化通过吸收农村劳动力到城市部门就业而产生显著的"滴流效应"，通过城市产业强大的辐射作用带动农村经济的发展，大幅度增加农民收入。很多学者由此断言：城市化是提高中国农民收入水平、统筹城乡发展、缩小城乡收入差距的主要路径。但事实上中国的城市化道路有着自身的特殊性：一方面，政府行政权力对经济的干预使城市极化效应畸形放大；另一方面，本应出现的城乡联动纽带被户籍制度等因素割裂，导致城市发展对农村的"滴流效应"极其有限，最终造成我国城市化的推进建立在牺牲乡村发展机会的基础之上，城市化过程在一定程度上是中国乡村"积贫积弱"的过程。本文利用省际数据，将对这一问题进行实证检验。

三、结论及建议

本文基于中国省际 1996~2010 年非平稳面板数据，利用动态面板模型，探讨了金融发展、金融结构对城乡收入差距的影响。研究得出以下结论。

（一）金融发展对城乡收入差距具有显著的正效应

金融发展水平越高，城乡收入差距趋于扩大，这也支持了温涛（2005）、张立军（2006）等人关于"中国金融发展对农民收入增长具有显著负向效应"的研究结果。如果金融发展对农民收入增长的影响为负向效应，则意味着金融发展将会倾向于扩大城乡收入差距。城乡金融资源配置的严重失衡是中国金融市场普遍存在的客观事实。金融资源配置的不平衡导致城乡发展能力产生巨大差异，致使城市和乡村的经济社会发展差距越来越大，进而产生城乡收入差距。本文的实证检验虽然未能确定二者之间的库兹涅茨"倒 U"形关系，但即使存在，金融发展与城乡收入差距缩小的"倒 U"

拐点尚未出现。

（二）金融结构优化和直接融资比例提高对城乡居民收入差距具有显著的负向效应，即能够缩小城乡居民收入差距

直接融资比例的提高和金融结构的优化能够显著降低社会融资成本，提高资金使用效率，增强区域发展能力，而且相比城市地区，农村地区发展能力增强得更快，致使城乡居民收入差距缩小，这也从侧面支持了目前中国农村金融市场融资成本过高的观点，一旦农村金融市场融资成本大幅降低，会显著促进农村地区的发展和农村居民收入的增长。

（三）中国城市化进程的加快强化了城乡收入差距的扩大

这一结论合理的现实解释：一方面，随着市场经济体制的逐步确立，城市产业与乡村产业的比较利益差距逐渐显性化，城市部门的"极化效应"日益加强，农村中的农业剩余和有知识、有文化的人才也会在逐利冲动中向城市部门大规模转移，弱化了农村发展能力；另一方面，随着市场主体意识的加强和风险管控能力的增强，以及中国农村金融市场高成本和高风险，金融机构具有"嫌贫爱富"的城市偏好，存在着普遍的金融歧视，从而导致农村和城市在经济社会发展各方面的差距扩大。

参考文献：

[1] 陈宗胜、周云波：《论改革与发展中的收入分配》，北京，经济科学出版社，2002。

[2] 刘锡良等：《中国转型期农村金融体系研究》，北京，中国金融出版社，2006。

[3] 戈德史密斯：《金融结构与金融发展》，上海，上海三联书店，1994。

[4] 孙力军、张立军：《金融发展影响经济增长的二大间接渠道及其检验》，载《经济科学》，2008 (2)。

[5] 温涛、冉光和、熊德平：《中国金融发展与农民收入增长》，载《经济研究》，2008 (9)。

[6] 姚耀军：《金融发展、城市化与城乡收入差距》，载《中国农村观察》，2005 (2)。

[7] 周立、胡鞍钢：《中国金融发展德地区差距状况分析 (1978~1999)》，载《清华大学学报》，2002 (2)。

[8] 张企元：《区域差距与 Ix_ 域金融调控》，载《金融研究》，2006 (3)。

[9] 章奇、刘明兴、陶然等：《中国的金融中介增长与城乡收入差距》，载《中国金融学》，2003 (11)。

[10] 方文全：《中国收入差距与金融发展关系的实证分析》，载《江淮论坛》，2006 (6)。

[11] 姚耀：《金融发展、城市化与城乡收入差距》，载《中国农村观察》，2005 (2)。

[12] 肖燕：《金融发展对城乡收入差距的影响分析》，载《山西则经大学学报》，2009 (12)。

[13] 乔海曙、陈力：《金融发展对城乡收入差距的影响分析》载《山西财经大学学报》，2009 (12)。

[14] 刘亦文、胡宗义：《农村金融发展对城乡收入差距影响的实证研究》，载《山西财经大学学报》，2010 (2)。

[15] Aghion, P.and Bolton, P., 1997, "Theory of Trickle-Down Growth and Development", The Review of Economic Studies, 64 (2), pp.151-172.

执笔：景文宏 孟秋敏

货币当局资产负债表 （单位：亿元）

资　产	2013年3月	负　债	2013年3月
国外资产	254127.19	储备货币	253649.82
外汇	246103.34	货币发行	61330.87
货币黄金	669.84	其他存款性公司存款	192318.96
其他国外资产	7354.02	不计入储备货币的金融性公司存款	1349.94
对政府债权	15313.69	发行债券	13880.00
其中：中央政府	15313.69	国外负债	1295.98
对其他存款性公司债权	11374.77	政府存款	22757.24
对其他金融性公司债权	10025.94	自有资金	219.75
对非金融部门债权	24.99	其他负债	5787.70
其他资产	8073.84		
总资产	298940.43	总负债	298940.43

注：1. 自2011年1月起，人民银行采用国际货币基金组织关于储备货币的定义，不再将其他金融性公司在货币
　　　当局的存款计入储备货币。
　　2. 自2011年初起，境外金融机构在人民银行存款数据计入国外负债项目，不再计入其他存款性公司存款。

货币供应量统计表 （单位：亿元、%）

项　目	2013年3月 余额	比同期
货币供应量（M2）	1035858.37	15.67
货币（M1）	310898.29	11.83
流通中货币（M0）	55460.52	11.83
单位活期存款	255437.78	11.84
准货币	724960.08	17.39
单位定期存款	215732.94	21.26
个人存款	449007.48	16.49
其他存款	60219.66	11.09

注：1. 货币供应量已包括住房公积金中心存款和非存款类金融机构在存款类金融机构的存款。
　　2. 本期数据为初步数。

社会融资规模统计表 （单位：亿元）

项　目	2013年3月
社会融资规模	25443
其中：人民币贷款	10629
外币贷款（折合人民币）	1509
委托贷款	1748
信托贷款	4298
未贴现银行承兑汇票	2729
企业债券	3845
非金融企业境内股票融资	208

注：1. 社会融资规模是指一定时期内实体经济从金融体系获得的资金总额，是增量概念。
　　2. 当期数据为初步统计数，其他月份为正式数。
　　3. 数据来源于人民银行、发展改革委、证监会、保监会、中央国债登记结算有限责任公司和银行间市
　　　场交易商协会等。